Jennifer Day

Wenn ich eine Farbe wäre …

Jennifer Day

Wenn ich eine Farbe wäre...

Spiele, Geschichten und Phantasiereisen für Kinder

AURUM VERLAG

Die englische Originalausgabe erschien unter dem Titel „Children Believe
Everything You Say . Creating Self-Esteem With Children" bei Element Books
Ltd., Shaftesbury, Dorset.

Ins Deutsche übersetzt von Ulla Rahn-Huber

Illustriert von Tammy Day-Ferraz
Umschlaggestaltung: Thomas Schröder
Umschlagillustration: Luise Schröder, 4 Jahre alt

Die Deutsche Bibliothek - CIP-Einheitsaufnahme

Day, Jennifer:
Wenn ich eine Farbe wäre...: Spiele, Geschichten und Phantasiereisen
für Kinder / Jennifer Day. (Ins Deutsche übers. von Ulla Rahn-Huber). –
Braunschweig : Aurum-Verl., 1998
Einheitssacht.: Children believe everything you say <dt.>
ISBN 3-591-08431-X

1998
ISBN 3-591-08431-X
© Text 1997 Jennifer Day
© Illustrationen 1997 Tammy Day-Ferraz
© der deutschen Ausgabe Aurum Verlag GmbH, Braunschweig
Gesamtherstellung: Westermann Druck Zwickau GmbH

Inhalt

Danksagungen   9

Einleitung
Das kindliche Selbstvertrauen wecken   11
Seit Menschengedenken   17

Teil I – Elternsein heute

1   Kinder glauben alles, was man ihnen sagt   **21**
2   Individuelle Bewältigungsstrategien für Eltern   **25**
     Ihre ganz persönlichen Bilder   25
     Mit Wut umgehen   25
     Stillschweigende Unterstützung geben   26
     Ihr Bild von Ihrem Kind   27
     Unterschiedliche Perspektiven   28
     Streß bewältigen   28

**Teil II – Sieben Schritte zur Förderung
des kindlichen Selbstvertrauens**

3   Erster Schritt - Selbstbewußtsein entwickeln   **35**
     Ein Märchen: Ich bleib daheim   36
     Ein indisches Märchen: Der kostbare Edelstein   38
     Ein Spiel: Ich bin liebenswert und
     allen Anforderungen gewachsen   40

Ein Spiel: Wenn ich sehe, fühle ich auch   41

Eine Strategie: Im Herzen sein   42

Ein Instrument: Tagebuch des Herzens   44

Eine Strategie: Kopf/Herz-Tagebuch   44

Eine Aufgabe: Ich bin etwas ganz Besonderes   45

Eine Phantasiereise: Der Garten   45

**4 Zweiter Schritt – Die Wahrnehmung lenken und
Streß vermeiden**   **49**

Ein arabisches Märchen:

Eine Frage des Standpunkts   50

Ein indianisches Märchen: Springende Maus   52

Ein Spiel: Was kommt bei dir an?   55

Ein Instrument: Herzensantworten   56

Ein Instrument: Der „Und-was-dann"-Plan   59

Eine Phantasiereise: Wahrnehmungswolken   60

**5 Dritter Schritt – Wünsche, Träume, Ziele
und Errungenschaften**   **63**

Ein hawaiianisches Märchen: Holua-Manu   64

Ein Märchen: Der Wunschbaum   71

Ein Spiel: Zeitlinien   73

Ein Instrument: Schatzalbum   75

Ein Instrument: Persönlicher Zielplan   76

Eine Phantasiereise: Dein Theater   78

**6 Vierter Schritt – Selbstverwirklichung, Achtung
und Wertschätzung**   **81**

Ein chinesisches Märchen: Der Steinmetz   82

Ein englisches Märchen: Die junge Eiche   85

Ein Spiel: Collage   89

Eine Instrument: Hundert Segnungen 89
Ein Spiel: Geschenk 90
Eine Phantasiereise: Post aus dem Herzen 90

**7 Fünfter Schritt – Familien- und
Partnerschaftsdynamik 93**
Ein Märchen: Der schöne, große Palast 94
Ein eigenes Märchen: Eltern, aufgepaßt! 97
Ein Spiel: Das Redeholz 97
Eine Phantasiereise: Von Herz zu Herz 98
Eine Strategie: Mit dem Herzen zuhören 99

**8 Sechster Schritt – Für sich selbst und
andere sorgen 101**
Ein Märchen: Die Botschaft des Engels 101
Ein Märchen: Eßstäbchen 103
Ein Spiel: Drei sind ein Team 104
Ein Spiel: Wenn ich eine Farbe wäre 105
Eine Phantasiereise: Wie sieht die Zukunft aus? 105

9 Siebter Schritt – Globales Bewußtsein 109
Ein indonesisches Märchen: Goldherz 109
Ein indisches Märchen: Der Banyan-Baum 111
Ein Spiel: Netzwerk 114
Ein Spiel: Blätter 115
Eine Phantasiereise und eine Aufgabe: Die Erde 115
Eine Phantasiereise: Das Herz des Planeten 118

Eigene Strategien und Instrumente finden 121

Literatur und Quellen 122

Dieses Buch ist allen Kindern
dieser Erde gewidmet.

Danksagungen

Als erstes möchte ich meiner Tochter Tammy für ihre wunderbaren Illustrationen zu diesem Buch danken. Sie begegnet der Welt mit so viel Phantasie und Herz, daß sie für mich und alle, die sie kennen, eine ständige Quelle der Inspiration ist! Danken möchte ich ferner all den Familien, mit denen ich arbeiten durfte und die ich kennen- und schätzengelernt habe, besonders Amber Grimm und ihrer Familie. Mein Dank geht auch an meinen Partner Grahame Clarke für seine Unterstützung bei diesem Buch und seine bedingungslose Liebe; an meine „Schwester" Kay Snow-Davis für ihre unermeßliche spirituelle Großzügigkeit; an Serge Kahili King für sein Vertrauen (und seinen PC!); an Katrama Brooks für *Heart Talk* und weil sie mir Raum zum Forschen gab; an Jeff Goelitz für seine herzliche, enthusiastische Unterstützung; an Doc Lew Childre für seine Inspiration und dafür, daß er das beste Elternbuch überhaupt geschrieben hat, und an Dr. Deborah Rozman und die Mitarbeiter des *Institute of Heart Math* für ihre generelle Unterstützung, ihre Erläuterungen zur Sicht des Herzens und ihre Idee, das Herz in den Mittelpunkt dieses Buches zu stellen. Meine ganz besonderere Anerkennung gilt meinem Verleger, Michael Mann, und nicht zuletzt auch allen Autoren und Lehrern, die mit ihrer Arbeit einen unschätzbaren Beitrag zu diesem Buch geleistet haben.

9

Danken möchte ich ferner allen Autoren und Verlegern, die ihre Genehmigung zum Nachdruck von Märchen und anderem geschütztem Material gegeben haben. Die Zitate stammen aus:

Values and Visions von Georgeanne Lamont und Sally Burns, Manchester Development Education Project, für „Ich bin liebenswert und allen Anforderungen gewachsen", „Wenn ich sehe, fühle ich auch", „Zeitlinien", „Blätter", „Der Banyan-Baum", „Die Botschaft des Engels" und „Eßstäbchen". Auszüge aus *Positive Indian Parenting. Sharing Nature with Children* von J. Cornell, Exley Publications Ltd., für „Netzwerk". *Inside Stories* von Robin Richardson und Angela Wood, Trentham Books, für „Der Steinmetz", „Ich bleib daheim", „Der kostbare Edelstein" und eine Version von „Eine Frage des Standpunkts". *Kauai Tales* von Frederick B. Wichman, Bamboo Ridge Press, für „Holua-Manu." *Notes to My Children* von Ken Carey, Uni Sun, für „Springende Maus" und eine Version von „Der Wunschbaum". *Teaching Children Joy* von Linda und Richard Eyre, Ballantine Books, für „Ich bin etwas ganz Besonderes" und eine Version von „Die junge Eiche". *The Ultimate Kid* von Jeffrey Goelitz, Planetary Publications, für „Und was dann?" und eine Version von „Was kommt bei dir an?". *For the Fun Of It!* von Marta Harrison und The Nonviolence and Children Program, Friends Peace Committee, für „Wenn ich eine Farbe wäre'" und eine Version von „Drei sind ein Team".

Einleitung

Das kindliche Selbstvertrauen wecken

In den vergangenen Jahren ist sehr viel Literatur zum Thema Selbstvertrauen auf den Markt gekommen, darunter manches Fragwürdige, aber auch viel Wertvolles. Glücklicherweise erkennen heute die meisten Eltern an, daß Kinder (wie generell jeder Mensch) eine solide Basis des Selbstvertrauens und der Selbstachtung brauchen, um gesunde, ausgeglichene und erfolgreiche Individuen sein zu können. Diese Erkenntnis ist jedoch frustrierend, wenn wir nicht wissen, wie wir unseren Kindern bei der Errichtung eines solchen Fundaments helfen sollen. Oftmals bricht eine wahre Lawine aus familiären Schwierigkeiten, beruflichen Problemen und finanziellen Unwägbarkeiten über uns herein und wir sind derart überfordert, daß uns das Erziehen eines Kindes wie eine Herkulesaufgabe vorkommt. Eltern sehen sich heutzutage mit sehr viel größeren Herausforderungen konfrontiert als je zuvor. Zu keiner Zeit in der Geschichte mußten Kinder in einem Umfeld großgezogen werden, das so stark von profunden Umwälzungen und ständigen Veränderungen geprägt war, wie wir sie heute in unserer Gesellschaft und fast überall auf der Welt erleben.

Es gibt keinen Studiengang, der Eltern oder Kinder auf die ständig wachsende Streßbelastung vorbereitet. Es gibt keine Ausbildung, die Eltern mit Strategien oder Instrumenten versorgt, um glückliche, gut adaptierte Kinder zu erziehen – Kinder, die das notwendige Selbstvertrauen haben, um in einer zunehmend flüchtigen Welt richtige und vernünftige Entscheidungen treffen zu können.

Dennoch gibt es solche Strategien und Instrumente, und wir sind tatsächlich in der Lage, unseren Kindern beim Aufbauen des so dringend benötigten Selbstvertrauens zu helfen – und das ungeachtet der begrenzten Möglichkeiten, die uns unser hektischer Alltag bietet.

Eines der wirksamsten, einfachsten und zudem allzeit verfügbaren Instrumente ist die menschliche Imaginationsfähigkeit. Indem wir sie *bewußt* durch unsere Sprache, durch Geschichten und geführte Phantasien lenken, können wir als Eltern unseren eigenen, stimmigen Weg finden und dabei nicht nur Selbstvertrauen schaffen, sondern gleichzeitig familiäre Werte vermitteln, umsetzen und aufrechterhalten – also all das tun, was in unserer heutigen Welt so dringend benötigt wird. Ein weiteres, ebenso effizientes, wenn nicht gar noch effizienteres Instrument ist das Herz. Durch die *bewußte* Konzentration auf das Herz und Gefühle der Liebe und Fürsorglichkeit, auf Mitgefühl, Humor und Wertschätzung schaffen wir das allerstärkste Gegenmittel gegen Streß, jenen größten Feind des Selbstvertrauens und der familiären Werte. Beide Instrumente ergänzen einander. Über die Imaginationsfähigkeit erlangen wir Zugang zum Herzen, und das Herz öffnet uns den Weg, um negative oder schädliche Bilder und Wahrnehmungen zu verändern.

Wir denken ständig in Bildern. Während Sie diese Zeilen lesen, läuft in Ihrem Kopf ein Film aus ständig wechselnden

Bildern ab. Wenn Sie diese Bilder nicht „sehen", dann „hören" oder „spüren" Sie sie. Auf die eine oder andere Weise visualisieren wir unablässig, vom Augenblick unserer Geburt bis zum Tod. Die Art und Weise, wie wir diese angeborene Fähigkeit nutzen, bestimmt, wie wir die Ereignisse um uns herum wahrnehmen und wie wir auf das Leben reagieren und es erfahren.

Die Vorstellungen der meisten Erwachsenen stehen unter der Kontrolle von restriktiven „Was wäre, wenn"-Gedanken: „Was wäre, wenn ich krank würde?", „Was wäre, wenn ich die Rechnungen nicht bezahlen könnte", „Was wäre, wenn jemand gesehen hätte, wie ich bei Rot über die Ampel gefahren bin?" Und unseren Kindern bringen wir von klein auf genau diese Denkweise bei. Wir beschwören in allen Einzelheiten Bilder herauf, um unsere Kinder vor Verletzungen zu bewahren oder sie zum Bravsein anzuhalten: „Paß auf, sonst fällst du hin und tust dir weh!"; „Wenn du nicht aufpaßt, wirst du vom Auto überfahren und mußt ins Krankenhaus"; „Wenn du dich nicht endlich hinsetzt und lernst, fällst du bei der Prüfung durch. Was soll dann nur aus dir werden? Du wirst bestimmt ein ... !" (Was Sie in die Lücke einsetzen, bleibt Ihnen überlassen). Leider verwenden wir nicht annähernd so viel Zeit oder Aufmerksamkeit darauf, unseren Kindern *positive* Bilder zu vermitteln.

Kinder bekommen von ihren Eltern zum Beispiel Aussagen wie die folgenden zu hören: „Ich kann das auf den Tod nicht ausstehen"; „Er sitzt mir ganz schön im Nacken"; „Sie ist auf hundertachtzig"; „Es ist einfach nicht gut genug"; „Du bringst mich noch ins Grab" und „Das ist so überflüssig wie ein Kropf." Stellen Sie sich einen Moment lang die

Bilder vor, die einem Kindergartenkind durch den Kopf gehen, wenn es solche Bemerkungen hört.

Die Imaginationsfähigkeit ist ein machtvolles Instrument. Einen Balken zu überqueren, der fest auf dem Boden aufliegt, bereitet uns wohl kaum Schwierigkeiten. Wäre derselbe Balken jedoch in fünf Metern Höhe quer durch den Raum gespannt, würde er sicherlich eine größere Herausforderung darstellen. Dies liegt nur daran, daß wir in Gedanken sofort sämtliche in unserer Erinnerung gespeicherten „Was-wäre-Wenns" durchgehen würden. Wenn diese stark genug sind, rauben sie uns die Zuversicht, das Gleichgewicht und die Fähigkeit, es zu schaffen.

Die Imaginationsfähigkeit hat also eine *direkte* Auswirkung auf den Körper. Lassen Sie vor Ihrem geistigen Auge einmal eine Zitrone erstehen. Stellen Sie sich vor, wie Sie sie in der Hand halten und die wächserne, ungleichmäßige Struktur ihrer Schale fühlen. Lassen Sie den bittersüßen, typischen Geruch in sich einströmen. Stellen Sie sich vor, wie Sie die Zitrone vor sich auf den Tisch legen und sie in der Mitte durchschneiden. Nun führen Sie eine Hälfte zum Mund und beißen hinein. Spüren Sie, wie sich der Saft explosionsartig in Ihrem Mund ausbreitet. Aller Wahrscheinlichkeit nach läuft Ihnen bei dieser Vorstellung das Wasser im Mund zusammen. Wenn auch nicht immer so offensichtlich wie in diesem Beispiel, hat jedes Bild in unserem Kopf eine Wirkung auf unseren Körper.

Eines der ersten Dinge, die mir bei meiner Arbeit mit Kindern auffielen, war, wie schnell sich Streß in jungen Körpern manifestiert. Schon im ersten Schuljahr zeigt sich zuallererst auf der physischen Ebene, wenn sich ein Kind von Gleichaltrigen oder Lehrern unter Druck gesetzt fühlt: verspannte Schultern, eine gebeugte Haltung, ein geneigter Kopf und ähnliches sind die Folge. Die Spannung, die sich im Körper des Kindes aufbaut, steht im direkten Verhältnis zu den furchterregenden oder beängstigenden Bildern in seinem Kopf. In unserer Gesellschaft ist Streß bei Kindern wie bei Erwachsenen zu einer Volkskrankheit geworden. Beim Aufbau eines gesunden Selbstvertrauens ist Streß der Störfaktor Nummer eins.

Streß ist das Ergebnis davon, wie wir eine Situation verstandesmäßig *wahrnehmen*. Er ist nicht, wie gemeinhin angenommen wird, das Resultat der Situation selbst, sondern vielmehr das Resultat unserer *Wahrnehmung* davon und die Reaktion unseres Körpers auf Ängste, Vermutungen und vor allem Projektionen im Hinblick auf die Zukunft – auf lauter „Was-wäre-Wenns" also, die wir uns in unserem Kopf zusammenbrauen. Je lebhafter diese Bilder sind, desto größer ist der Streß und je größer der Streß ist, desto unsicherer werden wir und desto weniger glauben wir an unsere Fähigkeit, mit der Situation fertig zu werden. Das Ergebnis ist ein niedrigeres Selbstwertgefühl. Je niedriger unser Selbstwertgefühl und unser Selbstvertrauen ist, desto schneller fühlen wir uns unter Druck gesetzt. Das ist ein nie endender Teufelskreis.

Wir können jedoch lernen, unsere Vorstellung zu zügeln, und unsere angeborene Fähigkeit nutzen, um streßmindernde statt streßerzeugende Bilder zu produzieren. Wir können achtsamer werden und im Alltag zu einem bewußteren Umgang mit unseren inneren Bildern finden. Wir können unser Visualisierungsvermögen verbessern und uns und unseren Kindern auf diese Weise eine neue Lebensqualität schaffen. Wir können unsere Vorstellungskraft nutzen, um mit unseren Kindern zu kommunizieren, um ihnen ein gutes Selbstwertgefühl zu vermitteln und kompetentere Eltern zu werden.

Der bewußte Einsatz von Bildern in der Kindererziehung ist nichts Neues. In den meisten Kulturen ist die Kraft der Phantasie ein geschätztes Gut und zu allen Zeiten wurden Legenden, Geschichten und Phantasiereisen als Mittel zur Unterrichtung von Kindern genutzt.

In diesem Buch finden Sie eine Sammlung von Märchen, Geschichten, Achtsamkeitsspielen und Phantasiereisen, mit deren Hilfe Sie Ihren Kindern Lösungsmöglichkeiten und Werte mit auf den Weg geben, ihr Selbstvertrauen wecken und das Familiengefüge stärken können. Es werden viele verschiedene Möglichkeiten aufgezeigt, um die Vorstellungs- und Herzenskraft so zu entfalten, daß sie zu einer Verbesserung und Bereicherung des Lebens beiträgt. Alle Vorschläge, die hier gemacht werden, wurden unzählige Male überprüft und – stets mit großem Erfolg – in Familien (einschließlich meiner eigenen), in Gruppen, Seminaren und Beratungssituationen eingesetzt.

In Teil I werden individuelle Bewältigungsstrategien vorgestellt, mit deren Hilfe Eltern ihre bereits vorhandenen Fähigkeiten noch verbessern können. Sie lernen, besser für sich selbst zu sorgen (damit sie besser für andere sorgen können) und das Leben aus dem Blickwinkel ihres Kindes/ihrer Kinder heraus zu betrachten.

In Teil II werden Märchen, Spiele und Phantasiereisen für Kinder, Familien und Erwachsene vorgestellt. Die einzelnen Kapitel dieses Teils sind jeweils einem bestimmten Thema gewidmet, wenngleich dem Ganzen die Liebe als gemeinsamer Nenner zugrunde liegt. Jedes Kapitel läßt

Raum für Erweiterungen, Kreativität und Spiel. Die Märchen, Spiele und Übungen sind so ausgelegt, daß sie sich mühelos in jeden noch so hektischen Familienalltag integrieren lassen. Sie können beginnen, indem Sie Ihre Lieblingsgeschichte, ein Spiel oder eine Übung auswählen und sich überlegen, wann Sie diese am besten einbringen können – vielleicht beim Abendessen oder vor dem Schlafengehen, Sonntag morgens oder anstelle einer unwichtigen Fernsehsendung. Während Sie den für Sie selbst und Ihre Familie einfachsten Weg und besten Zeitpunkt für die Arbeit mit den hier vorgestellten Mitteln suchen, werden Sie allmählich auf ganz natürliche Weise immer mehr davon einsetzen, bis sie schließlich zu einem Teil Ihres Lebens geworden sind. Mit der Zeit werden Sie andere Geschichten und Spiele finden und Ihr Repertoire erweitern.

Dieses Buch ist als Einführung und nicht als Anweisung gedacht. Es soll Sie unterstützen, statt Sie zu belehren, Sie führen, statt Sie zu informieren, und Sie inspirieren, statt Ihnen Vorschriften zu machen. Schließlich soll es Spaß machen, ein gesundes Selbstvertrauen aufzubauen!

Seit Menschengedenken

„Unser Volk hat seit Menschengedenken Legenden als Mittel zur Wissensvermittlung benutzt. Sie wurden nur im Winter erzählt, denn dies waren die Monate des Lehrens und Lernens, die Monate, in denen die Kinder die meiste Zeit drinnen verbrachten.

Geschichtenerzähler genossen im Stamm großen Respekt. Mal waren es Eltern, mal Großeltern, die diese Aufgabe übernahmen. Ein Geschichtenerzähler mußte neben den Märchen und Legenden die Stammesgeschichte kennen, an der Stammespolitik ebenso wie an religiösen Zeremonien teilhaben und gleichzeitig ein ausgezeichneter Kinderpsychologe sein. Er mußte lernen, wie man mit Gruppen umgeht, und spüren, was das Publikum braucht. Es genügte ihm, die Kinder zu beobachten, um zu wissen, was in ihnen vorging.

Die Geschichten, die erzählt wurden, waren reich an Lehren. Solche, in denen es um Tricks und Gaunereien ging, hatten stets eine Moral. Geschichten von Raben gehören zu diesen „Gaunerlegenden". Das Erzählen von Geschichten vereinte jung und alt. Älteste, Eltern und Kinder hörten gemeinsam zu. Es gab in unserer Kultur vor allem deshalb keinen Generationenkonflikt, weil das soziale Leben keine Altersbeschränkungen kannte. Das Geschichtenerzählen ist nur ein Beispiel hierfür.

Die meisten Märchen und Legenden lehrten, daß sich Habgier und Prahlerei nicht lohnen, daß man sich über andere – und vor allem über die Ältesten – nicht lustig machen darf, und auch, daß die Kleinen und Schwachen manchmal gewitzter sind als die Großen und Starken. Daneben gab es Geschichte, die größere Kinder auf ihre Aufgabe hinwies, auf die kleineren, schwächeren zu achten und ihnen zu helfen. Auf diese Weise wurde stets gelehrt, was recht und was unrecht war."
(aus: *Positive Indian Parenting*)

I

Elternsein heute

1

Kinder glauben alles, was man ihnen sagt

Kleine Kinder hören auf alles, nehmen alles in sich auf und glauben alles, was ihre Eltern sagen. Mit zunehmendem Alter hören und glauben sie vielleicht nicht mehr *alles*, was man ihnen sagt, aber sie nehmen es immer noch in sich auf. Kinder, in deren Elternhaus viel geschrien oder geflucht wird, halten dies für eine adäquate Form der Kommunikation. (Untersuchungen haben gezeigt, daß Kinder aus Familien, in denen viel geflucht wird, später mit größerer Wahrscheinlichkeit Kraftausdrücke gebrauchen als Kinder aus anderen Familien.) Kinder nehmen abfällige Ausdrucksweisen auch dann – womöglich gar wortwörtlich – in sich auf, wenn die Bemerkungen im Prinzip gar nicht abfällig gemeint waren. Dies gilt zum Beispiel für Aussagen wie „Er geht mir auf den Geist" oder „Sie bringt mich noch ins Grab". Jüngste Studien haben ergeben, daß diese Art von Sprache sogar physische Beschwerden mitverursachen kann.

Als mir diese Tatsache vor einigen Jahren bewußt wurde, hatte ich seit längerem immer wieder unter starken Nackenschmerzen gelitten. Sie sprachen zwar auf diverse Behandlungsmethoden an, wurden aber nicht geheilt. Ich fing an, ein Schmerztagebuch zu führen. Darin wurde schon bald ein Muster erkennbar: Meine Beschwerden waren immer dann besonders schlimm, wenn ich zuvor mit einem meiner Kollegen zu tun gehabt hatte. Also nahm ich die Gedanken unter die Lupe, die mir im Zusammenhang mit diesem Kollegen in den Sinn kamen, und merkte (zu meiner Belustigung), daß ich bei ihm immer das Gefühl hatte, er säße mir im Nacken. Nachdem ich mir bewußt gemacht hatte, welche Bilder ich da mit mir herumtrug, konnte ich etwas ändern. Mit der Zeit verschwanden die Nackenschmerzen!

Viele der Bilder, die wir auf unsere Kinder projizieren, basieren auf Angst. Das muß aber nicht zwangsläufig so sein. Wir können lernen, uns anders auszudrücken. Das kostet vielleicht ein wenig Zeit und Mühe, doch angesichts der Vorteile, die es unseren Kindern bringen kann, lohnt es sich allemal.

Sie können Ihre Ausdrucksweise verändern, indem Sie negative oder auf Angst basierende Bilder durch positive ersetzen. Lesen Sie sich die nachfolgende Liste negativer Formulierungen mit den dazugehörigen positiven Alternativen durch. Listen Sie Ihre eigenen Negativ-Sätze auf und versuchen Sie, Positiv-Sätze daraus zu machen.

- Paß auf, sonst fällst du hin und tust dir weh.
  Halt dich gut fest, dann kann dir nichts passieren.

- Wenn du dich nicht endlich hinsetzt und lernst, fällst du bei der Prüfung durch.
  Wenn du fleißig lernst, wirst du sicher alle Tests bestehen.

- Du machst mich noch wahnsinnig.
  Dein Verhalten macht mich innerlich ganz unruhig.

Tun Sie sich mit Ihrem Partner oder mit einer Freundin/einem Freund zusammen und führen Sie gegenseitig eine Woche lang Buch über Ihrer beider Art zu sprechen. Notieren Sie alle negativen und auf Angst basierenden Äußerungen, die Ihr Partner von sich gibt. Setzen Sie sich am Ende der Woche zusammen und gehen Sie Ihre Aufzeichnungen durch. Sprechen Sie darüber, wie Sie sich gegenseitig darin unterstützen können, sich künftig positiver auszudrücken. Diese Art der Unterstützung ist für eine erfolgreiche Veränderung unabdingbar. Wenn Sie selbst achtsamer geworden sind, können Sie auch Ihre Kinder mit einbeziehen. Bitten Sie sie um Vorschläge, wie man diesen oder jenen Satz verändern könnte, und suchen Sie nach Möglichkeiten, in der ganzen Familie zu einem bewußteren Umgang mit Sprache zu finden. Nutzen Sie das Potential des Teams. Versuchen Sie nicht, Ihre Kinder mit vielen Worten zu belehren oder zu überzeugen. Schließlich haben sie die meisten Negativ-Sätze, die sie von sich geben, entweder von Ihnen oder von einem anderen Erwachsenen aufgeschnappt! Am besten ist immer noch, mit gutem Beispiel voranzugehen.

In dem Maße, in dem Sie an sprachlicher Bewußtheit gewinnen, werden Sie immer deutlicher erkennen, welche Bilder Sie im Kopf haben und wie Sie diese auf andere und in die Zukunft projizieren. Durch diesen Bewußtwerdungsprozeß eröffnen Sie sich eine neue Welt, in der Sie die Verantwortung für Ihr Leben übernehmen und Ihren Kindern helfen, das Gleiche zu tun.

2 Individuelle Bewältigungsstrategien für Eltern

Ihre ganz persönlichen Bilder

Nehmen Sie sich jeden Tag, vielleicht vor dem Schlafengehen, zehn Minuten Zeit, um sich mit Hilfe Ihrer Vorstellungskraft auf das zu konzentrieren, was Sie an Ihren Kindern schätzen. Rufen Sie sich eine erfreuliche Begebenheit oder ein besonderes Ereignis in Erinnerung, das Sie als Familie gemeinsam erlebt haben. Konzentrieren Sie sich ein paar Minuten lang darauf. Versuchen Sie, sich nicht von anderen Gedanken ablenken zu lassen. Wenn dies doch geschieht, lassen Sie die Gedanken einfach wie Wolken am Himmel vorüberziehen und kehren dann mit Ihrer Aufmerksamkeit zu der schönen Erinnerung zurück. Bleiben Sie bei der gewählten Vorstellung oder Erinnerung, als würden Sie ein Foto betrachten. Freuen Sie sich daran. Versuchen Sie, dieses Gefühl in Ihren ganzen Körper einströmen zu lassen, bis Sie sich von Kopf bis Fuß wie ein einziges großes Lächeln fühlen.

Mit Wut umgehen

Wann immer Sie spüren, daß Sie wütend auf Ihr Kind werden, nehmen Sie sich zwanzig Sekunden Auszeit und drücken den „Pause-Knopf". Denken Sie an etwas, das Sie an Ihrem Kind schätzen. Konzentrieren Sie sich etwa zwanzig Sekunden lang ganz auf dieses Gefühl der Achtung und Wertschätzung. Wenn Sie sich dann wieder Ihrer Wut zuwenden, sieht womöglich alles ganz anders aus. Auf jeden Fall werden Sie feststellen, daß Ihre Reaktion wesentlich objektiver und weniger emotional ausfällt. Sich so zu verhalten, kann ein wenig Übung erfordern, aber geben Sie nicht auf! Die Mühe lohnt sich. Ein Tip: Je länger Sie in Ihrer Wut verharren, bevor Sie den „Pause-Knopf" drücken, desto schwieriger wird es. Drücken Sie ihn *sofort*, wenn Sie Wut in sich aufsteigen fühlen. Falls Ihnen das schwer fällt oder ganz unmöglich ist, lesen Sie den Abschnitt „Streß bewältigen" auf Seite 28.

Stillschweigende Unterstützung geben

Wann immer sich Ihr Kind mit einer Schwierigkeit konfrontiert sieht und Sie ihm nicht helfen können, gehen Sie einen Moment lang in die Stille und konzentrieren Sie sich auf Ihr Herz. Schicken Sie Ihrem Kind etwas von der Liebe, die Sie dort für es spüren. Stellen Sie sich vor, wie diese Liebe von Ihrem Herzen in das seine und wieder zu Ihnen zurück fließt. Denken Sie daran, was für ein gutes Gefühl das Ihrem Kind gibt, und genießen Sie das gute Gefühl, das Sie selbst dabei empfinden.

Um diese Übung durchzuführen, brauchen Sie Ihrem Kind weder physisch nah zu sein noch darauf zu warten, daß es in eine Problemsituation gerät. Sie können sich regelmäßig Zeit dafür nehmen. Achten Sie darauf, ob und inwieweit sich dadurch irgendwelche Veränderungen in Ihrem Kind oder in der Beziehung einstellen, die Sie zu Ihrem Kind haben.

Ihr Bild von Ihrem Kind

Wie sehen Sie Ihr Kind? Mischen sich Urteile oder Bewertungen in Ihr Bild? Erwarten Sie in bestimmten Situationen, daß es sich schlecht oder unangemessen verhält? Nehmen Sie sich einen Augenblick Zeit, um sich Ihr Kind in allernächster Zukunft vorzustellen. Das kann noch am gleichen Tag, am nächsten Tag, oder auch in einer Woche sein. Malen Sie sich aus, wie Ihr Kind auf etwas Bestimmtes reagieren würde, zum Beispiel auf eine Herausforderung. Stellen Sie sich sein Verhalten so positiv und optimal wie möglich vor. Sehen Sie, wie es die Aufgabe mit Leichtigkeit und Anmut löst und sich über den gelungenen Ausgang freut. Malen Sie sich das Bild so lebhaft wie möglich aus. Stellen Sie sich die entsprechenden Farben, Geräusche, Geschmacksreize und Gerüche dazu vor. Lassen Sie ein perfektes Szenario entstehen und erwarten Sie, daß es sich so realisieren wird.

Wenn vor Ihrem geistigen Auge weniger positive Bilder auftauchen, ersetzen Sie sie einfach durch perfekte, positive. Legen Sie Ihr ganzes Herz hinein und nutzen Sie die Achtung und Wertschätzung für Ihr Kind als treibende Kraft.

Sollte Ihr Kind *nicht* so reagieren, wie Sie es sich vorgestellt haben, dann seien Sie bitte nicht enttäuscht. Konzentrieren Sie sich statt dessen auf das Positive, das Sie der Situation dennoch abgewinnen können. Sagen Sie Ihrem Kind, wie sehr Sie es lieben, ganz gleich, was geschieht.

Unterschiedliche Perspektiven

Wenn Sie das Gefühl haben, Ihr Kind nicht zu verstehen, oder wenn Sie mit ihm in Konflikt geraten, nehmen Sie sich einen Moment Zeit, um sich in es hineinzuversetzen. Schlüpfen Sie ein paar Sekunden lang in seine Haut. Wie sieht das Ganze von seinem Standpunkt aus? Dieser Einblick kann Ihnen helfen, eine Lösung zu finden, weil Sie nun beide Perspektiven kennen – Ihre und die Ihres Kindes.

Streß bewältigen

Zunächst sollten Sie sich vor Augen führen, daß Sie Ihrem Kind nur dann helfen können, Streß zu bewältigen, wenn Sie selbst dazu in der Lage sind. Stellen Sie sich zwei Fragen: Wo in meinem Körper äußert sich der Streß? Was tue ich, um Streß abzubauen?

Ideal wäre natürlich, Streßreaktionen völlig zu vermeiden, doch dies gelingt uns in der Realität meist nicht. Streß kann immer wieder auftreten – und was dann? Die Streßbewältigung erfolgt stets in drei Schritten: Streß abbauen, Spannung lösen und entspannen.

Nach einer Streßreaktion ist es zunächst einmal wichtig, die Spannung und den Streß physisch abzubauen. Unser Körper ist so angelegt, daß er mit einer physischen Handlung auf Streß reagieren muß. Unterbleibt diese Handlung, wird das in die Blutbahn ausgeschüttete Adrenalin nicht abgebaut und vergiftet den Körper. Nach einer streßbehafteten Situation sollten wir uns also am besten körperlich ausagieren, indem wir entweder eine Runde joggen, uns an einem Boxsack abreagieren oder Kniebeugen machen. Wenn die ganze Familie unter Streß steht und sich Wut oder Widerwille breitgemacht hat, ist ein kollektiver „Gefühlsausbruch" ein adäquates und gesundes Mittel zum Streßabbau. Gehen Sie in die Luft, wenn Sie möchten, schreien Sie, schimpfen Sie, werfen Sie sich auf den Boden und trommeln Sie mit den Fäusten. Normalerweise endet das Ganze in ausgelassenem Gelächter, mit dem nicht nur der Streß abgebaut, sondern gleichzeitig auch die negative Stimmung verscheucht wird.

Der nächste Schritt besteht im Lösen von Verspannungen. Das ist ganz leicht, wenn Sie wissen, an welcher Stelle Ihres Körpers sich Streß am ehesten manifestiert. Sollte es Ihnen schwer fallen, das herauszufinden, bitten Sie Ihren Partner oder eine Freundin/einen Freund um Hilfe. Sobald Sie wissen, wo sich der Streß festsetzt, können Sie nach einem geeigneten Weg zum Lösen der durch die Streßreaktionen entstandenen Verspannungen suchen. Nachdem Sie den Streß selbst abgebaut haben, lösen Sie die Verspannungen in Ihrem Körper mit einer kurzen Massage (zum Beispiel indem Sie sich die Schultern durchkneten), einem heißen Bad oder ein paar Yogaübungen. In der Familie können Sie sich gegenseitig die Schultern massieren, gemeinsam Yoga machen oder einfach eine CD mit sanfter Musik auflegen.

Sich nach einer Streßreaktion zu entspannen und zu regenerieren, ist nicht immer einfach. Mir persönlich gelingt das am besten, wenn ich ganz behutsam und allmählich ins Herz gehe. Richten Sie Ihre ganze Aufmerksamkeit auf Ihr Herz und denken Sie an etwas oder jemanden, den Sie wirklich schätzen. Konzentrieren Sie sich eine Minute lang auf dieses Bild und spüren Sie, wie Sie sich dabei entspannen und zu neuer Energie finden. In der Familie können Sie sich gegenseitig durch diese Übung führen (Einzelheiten hierzu erfahren Sie in den nachfolgenden Kapiteln). Vielleicht legen Sie dazu eine ruhige Hintergrundmusik auf und stellen sich vor, wie Sie danach alle zusammen gemütlich Tee trinken.

Die drei Schritte zur Streßbewältigung beanspruchen nur ein paar Minuten Zeit. Wenn Sie sie als Familienstrategie einführen wollen, schreiben Sie *Streß abbauen, Verspannungen lösen* und *entspannen* auf ein buntes Blatt Papier und kleben dieses zur Erinnerung an die Kühlschranktür.

Wenn es Ihnen gelingt, die Warnsignale vor einer Streßreaktion zu erkennen, können Sie den Streß am einfachsten umgehen, indem Sie gleich behutsam ins Herz gehen und entspannen. Dadurch verändern Sie Ihre physischen, mentalen und emotionalen Reaktionen, vermeiden Streß und meistern die betreffende Situation aus einem objektiveren Blickwinkel heraus.

Im folgenden gebe ich Ihnen ein paar Anti-Streß-Tips. Wählen Sie fünf davon aus und notieren Sie sie auf einem Blatt Papier. Hängen Sie dieses Blatt an einer gut sichtbaren Stelle auf. Und dann nutzen Sie Ihre fünf Tips auch!

- Holen Sie tief Luft und lächeln Sie.
- Denken Sie an etwas Positives in Ihrem Leben.
- Machen Sie eine Entspannungsübung – täglich!
- Gönnen Sie sich eine Massage.
- Sprechen Sie mit einer Freundin/einem Freund.
- Lesen Sie Ihrem Kind eine Geschichte vor.
- Streicheln Sie Ihren Hund/Ihre Katze.

- Nehmen Sie sich einen Augenblick Zeit, um in Ihr Herz zu gehen.
- Wenden Sie sich einer anderen Tätigkeit zu.
- Seien Sie nett zu sich selbst.
- Finden Sie heraus, welche Verhaltensweisen Ihnen Streß bereiten.
- Akzeptieren Sie Ihre Grenzen.
- Planen Sie einen Spaß-Tag ein.
- Lassen Sie Ihr Kind an einem Ihrer Erfolgserlebnisse teilhaben.
- Finden Sie heraus, welche Gedanken Ihnen Streß bereiten.
- Lassen Sie Ihren Gedanken freien Lauf.
- Treiben Sie täglich Sport.
- Nutzen Sie den Heimweg von der Arbeit, um Streß abzubauen.
- Bleiben Sie eine Zeitlang im Herzen.
- Begrenzen Sie die Zeit, die Sie auf eine kritische Situation verwenden.
- Kuscheln Sie mit Ihrem Kind.
- Machen Sie eine Phantasiereise.
- Sagen Sie nein, wenn jemand etwas von Ihnen fordert.
- Sagen Sie ja zu einer Pause.
- Gratulieren Sie sich selbst.
- Bewundern Sie einen schönen Anblick.
- Genießen Sie die Natur.
- Machen Sie etwas Kreatives mit Ihrem Kind.
- Denken Sie an die drei Schritte zur Streßbewältigung.
- Lassen Sie Veränderungen zu.

II

Sieben Schritte zur Förderung des kindlichen Selbstvertrauens

Erster Schritt –
Selbstbewußtsein entwickeln

Sich über die eigenen Emotionen klar zu werden, ist der erste Schritt, um inneren Frieden und Stille zu finden, sich selbst zu lieben und für sich selbst sorgen zu lernen. Diese Fähigkeiten sind unabdingbar, wenn es darum geht, Streß zu bewältigen, ein gesundes Selbstvertrauen zu entwickeln, die eigenen Träume zu verstehen, gute Beziehungen zu entwickeln und in einer Gemeinschaft erfolgreich zu sein, soziales Engagement zu zeigen und sich aktiv für sich selbst und andere einzusetzen – kurz, sich so zu entfalten, daß man ein einigermaßen zufriedenes Leben führen kann.

Leider wird uns in unserer Kultur meist nahegelegt, außerhalb von uns selbst nach Glück und Zufriedenheit zu suchen. Doch wann immer wir versuchen, uns über „Dinge" und „schnelle Lösungen" von außen Bestätigung zu verschaffen, werden wir ständig noch ein wenig mehr haben wollen. Auf diese Weise können wir nie echte Zufriedenheit oder Erfüllung finden, denn wir setzen unser Vertrauen in alles und jedes, nur nicht in uns selbst. Was wir wirklich suchen ist das unverrückbare Vertrauen (Selbst-Vertrauen), das einzig aus der Selbsterkenntnis erwächst, aus der Achtsamkeit uns selbst gegenüber und aus dem Gefühl, den Anforderungen des Lebens gewachsen zu sein.

Je früher ein Kind dieses Selbstbewußtsein entwickelt und lernt, seine Emotionen zu verstehen, desto weniger wird es „im Außen" nach Bestätigung suchen und desto weniger emotionalen Ballast wird es als Erwachsener loswerden müssen. Je früher es lernt, für sich zu sorgen und sich zu lieben, desto mehr wird es später, als Erwachsener, sich selbst und andere lieben. Ganz kleine Kinder haben oftmals einen ausgeprägten Sinn für Stille und Kontemplation. Indem ein Kind wiederentdeckt, welche Freude es im inneren Frieden und in der Reflektion finden kann, hat es etwas sehr Wertvolles gewonnen.

Ich bleib daheim

Es waren einmal drei Schwestern. Kaum waren sie erwachsen, beschloß eine jede von ihnen, auf ihre eigene Weise nach der Wahrheit und ihrer Lebensaufgabe zu suchen. Die erste sagte: „Ich werde mich um die Kranken und Armen kümmern. Die Straßen der Städte sind voll davon. Ich werde ihnen Heilung bringen und mich um sie kümmern."

Die zweite sagte: „Wohin ich mich auch wende, überall sehe ich Menschen, die sich streiten, sich bekämpfen oder Krieg gegeneinander führen. Ich werde ausziehen, um sie zu versöhnen. Ich werde mit ihnen sprechen und Frieden unter ihnen stiften."

Die dritte sagte: „Ich bleib daheim."

Die Jahre vergingen und schließlich kehrten die beiden Schwestern nach Hause zurück. Die erste seufzte: „Es ist einfach hoffnungslos! Es gibt viel zu viele Kranke, Arme und Obdachlose. Ich kann doch nicht allen helfen!"

Die zweite stöhnte: „Es ist einfach unmöglich, die Menschen im Frieden zu vereinen. Ich bin völlig am Ende!" Und sie sanken beide erschöpft darnieder und sahen einander verzweifelt an.

Die dritte Schwester aber schwieg. Dann stand sie wortlos auf und füllte eine Schüssel mit schlammigem Wasser. „Schaut hinein", sagte sie. „Seht einfach nur zu, was geschieht."

Die beiden Schwestern schauten, doch sie sahen nichts außer schmutzigem Wasser. „Laßt es eine Weile stehen", sagte die Schwester. „Wartet einfach ab."

„Schaut ins Wasser"

Nach einer Weile schauten sie wieder in die Schüssel. Mittlerweile war das Wasser klar geworden und sie konnten ihre eigenen Gesichter so deutlich darin erkennen wie in einem Spiegel. Da sagte die dritte Schwester: „Wenn das Wasser aufgewühlt ist, wird es trüb und man kann nichts sehen. Ist es aber ganz still, dann klärt es sich. Mit uns Menschen verhält es sich genauso. Wir können nur dann klar sehen, wenn wir still sind, ganz, ganz still. Erst wenn wir still sind und uns selbst erkennen, können wir sehen, was zu tun ist und welchen Weg wir gehen sollen. Nur in der Stille finden wir Hoffnung und Vertrauen in die Zukunft, in unsere Talente und Fähigkeiten und in unsere Kreativität. Sie allein ermöglicht es uns, von ganzem Herzen und mit aller Liebe für andere zu sorgen. Erst wenn wir sie gefunden haben, brauchen wir uns keine Gedanken mehr über Belohnungen oder die Früchte unseres Tuns zu machen. Nur sie erlaubt uns, wirklich aus dem Herzen heraus zu handeln."

Der kostbare Edelstein

Es dämmerte schon und die Luft war still, als sich der Wanderheilige ganz in der Nähe des großen Felsens am Fuße des Berges unter einem Baum niederließ, um dort die Nacht zu verbringen. Ein Stein sollte ihm als Kopfkissen dienen. Er nannte nur wenige Habseligkeiten sein eigen und hatte schon vor langer Zeit die Vorstellung aufgegeben, eines Tages erfolgreich zu sein, viel Geld zu verdienen oder gar berühmt zu werden. Er hatte die Welt hinter sich gelassen, um sich außerhalb von ihr selbst zu finden.

Seine Abendmeditation wurde vom lauten Rufen eines Geschäftsmannes unterbrochen, der in heller Aufgeregung auf ihn zustürzte: „Sie müssen es sein! Ich bin sicher, daß Sie es sind", rief er. „Ich hatte letzte Nacht einen Traum, in dem mir gesagt wurde, ich solle hierher zu diesem Baum kommen, unweit des großen Felsens am Fuße des Berges. Dort würde ich einen Wanderheiligen finden, von dem ich einen so kostbaren Edelstein bekäme, daß ich für immer reich wäre. Den ganzen Tag habe ich nach Ihnen Ausschau gehalten", fügte er hinzu. „Ich habe gesucht und gesucht und gesucht. Ich bin ja so froh, daß ich Sie gefunden habe!"

„Vielleicht ist das der Stein, von dem Sie geträumt haben", antwortete der Heilige und fischte ein funkelndes Juwel aus seiner Tasche. „Ich habe ihn zufällig auf dem Weg liegen sehen. Nehmen Sie ihn ruhig."

Dem Geschäftsmann blieb vor Staunen der Mund offen stehen und seine Augen weiteten sich vor Freude. Noch nie hatte er einen so riesigen Diamanten gesehen; er hätte sich auch niemals träumen lassen, daß es so unglaublich große Diamanten überhaupt gab. Überglücklich trug er ihn nach Hause. Es hatte sich gelohnt, den ganzen Tag nach dem Heiligen zu suchen! Doch bald schon schlug seine Stimmung um. Als die Nacht hereinbrach, war er zutiefst beunruhigt. Er konnte keinen Schlaf finden und wälzte sich von einer Seite auf die andere. Er versuchte, Pläne zu schmieden und sich zu überlegen, was er mit seinem neugewonnenen Reichtum anfangen, wie er all seine neuen Güter und Besitztümer genießen würde und welche neuen Möglichkeiten das Leben nun für ihn bereithielt. Doch der Wanderheilige und die Ereignisse des vergangenen Tages wollten ihm einfach nicht aus dem Kopf gehen. Er grübelte, was das Ganze wohl zu bedeuten habe.

Noch vor Morgengrauen stand er auf und kehrte zu dem Baum unweit des großen Felsens am Fuße des Berges zurück. Er störte den Heiligen bei seiner Morgenmeditation, legte ihm den Diamanten zu Füßen und bat: „Können Sie mir bitte statt dessen jene wertvolle Gabe schenken, die es Ihnen möglich machte, diesen kostbaren Edelstein einfach wegzugeben?"

Der kostbare Edelstein

Ich bin liebenswert und allen Anforderungen gewachsen

Das wird gebraucht: eine Schere, eine Packung Hafties und für jedes Familienmitglied zwei Bogen Papier und ein paar Buntstifte.

Sprechen Sie in der Familie darüber, daß wir mit der Überzeugung auf die Welt kommen, liebenswert und allen Anforderungen gewachsen zu sein. Im Laufe der Zeit erfahren wir im Umgang mit anderen Menschen jedoch oft das genaue Gegenteil. Mit Hilfe dieses Spiels können wir lernen, unsere emotionalen Reaktionen zu erkennen, und wieder zu der Überzeugung gelangen, liebenswert und allen Anforderungen gewachsen zu sein.

Jedes Familienmitglied bekommt nun einen Bogen Papier und malt sein Selbstportrait darauf. Es darf bunt ausgemalt werden und so detailliert sein, wie ein jeder es möchte. Anschließend schreibt jeder auf den zweiten Bogen Papier in großen Druckbuchstaben mehrmals den Satz: ICH BIN LIEBENSWERT UND ALLEN ANFORDERUNGEN GEWACHSEN. Die Worte werden anschließend einzeln ausgeschnitten und mit Hafties rings um das Selbstportrait geklebt. Dann hängt jeder sein Bild irgendwo hin, wo er es immer sehen kann. Legen Sie eine bestimmte Zeit fest (zum Beispiel eine Woche), in der jedes Familienmitglied, wenn es verletzt, traurig, wütend oder außer sich ist, eines (je nach Tiefe des Gefühls auch mehrere) der Worte von seinem Bild nimmt. Umgekehrt wird jedesmal ein Wort wieder angeheftet, wenn man sich gut fühlt.

Nach der vereinbarten Zeit setzen Sie sich zum Erfahrungsaustausch zusammen. Versuchen Sie, weder zu werten noch zu diskutieren, sondern einfach an den Gefühlen der anderen Anteil zu nehmen.

Wenn ich sehe, fühle ich auch

Dies ist ein Spiel für zwei oder mehr Personen, das überall – sogar im Auto – gespielt werden kann.

Der erste sagt: „Wenn ich ... sehe" (zum Beispiel „eine Katze"). Der zweite fährt fort: „fühle ich ..." (und beschreibt, was er beim Anblick einer Katze fühlt). Dann sagt der dritte (oder wieder der erste, wenn nur zwei mitmachen): „Wenn ich ... sehe" (zum Beispiel „auf der Straße herumliegenden Abfall"). Und der nächste schließt an mit: „fühle ich ..." (was immer er empfindet, wenn er Abfall auf der Straße herumliegen sieht) und so weiter.

Anstatt mit „Wenn ich ... sehe" kann das Spiel auch mit „Wenn ich ... höre" gespielt werden. Scheuen Sie sich nicht, die abwegigsten Bilder mit so vielen Gefühlen wie möglich zu koppeln. Gehen Sie mit gutem Beispiel voran und benutzen Sie besonders prägnante, lebhafte Bilder und Ausdrucksweisen.

Würdigen Sie nie das Gefühl eines Kindes herab. Was es empfindet, mag einem Erwachsenen manchmal trivial oder albern erscheinen, doch für das Kind sind diese Gefühle absolut real. Zeigt es sich traurig oder wütend, ermutigen Sie es, diese Gefühle anzuerkennen, und helfen Sie ihm, sie zu verstehen. „Wenn ich ... sehe, fühle ich ..." kann besonders für die Kinder hilfreich sein, die dazu neigen, ihre Gefühle zu unterdrücken oder herabzuwürdigen.

Im Herzen sein

Wenn man traurig oder einsam ist, hilft es, ins Herz zu gehen, um sich wieder besser zu fühlen. Dies ist jedoch nicht immer ganz einfach. Den meisten Menschen fällt es schwer, diesen Schritt in die Praxis umzusetzen.

Hier eine Möglichkeit, wie Sie sich selbst und Ihrem Kind/Ihren Kindern helfen können, mit dem eigenen Herzen in Verbindung zu treten. Sie ist auch gut geeignet, um Kindern das Einschlafen zu erleichtern. Wenn es nicht gleich von Anfang an gelingt, üben Sie einfach weiter. Das Herz ist ein Muskel – es braucht ein gewisses „Training".

Wenn Sie Ihr Kind durch eine Phantasiereise wie die folgende führen, sprechen Sie mit sanfter Stimme, langsam und deutlich. Denken Sie daran, Pausen zwischen den einzelnen Sätzen zu machen, damit das Gesagte auch wirklich „einsickern" kann.

Schließe deine Augen und atme ein paarmal ganz tief in den Bauch hinein. Laß alle Anspannung aus deinem Körper ausströmen. Wenn dich irgendein Gedanke beschäftigt, dann drücke den „Pause-Knopf" wie am Videorekorder. Du kannst dich später wieder damit befassen. Richte nun deine ganze Aufmerksamkeit in den Bereich rings um dein Herz. Konzentriere dich! Vielleicht gelingt es dir, das Klopfen deines eigenen Herzens zu spüren.

Jetzt denke an etwas, das du gern hast oder das dir ein gutes Gefühl gibt, vielleicht an deinen Lieblingsplatz, an ein Tier, ein Ereignis, ein Spiel oder eine besonders liebevolle Umarmung. Alles ist recht, was das Gefühl von Liebe in dir aufsteigen läßt. Wenn du etwas gefunden hast, bleib bei dem Gedanken und spüre nach, was in deinem Herzen geschieht. Wie fühlt es sich an? Halte den Gedanken fest und spüre weiter zum Herzen hin. Genieße das Gefühl eine Weile und laß es dann durch deinen ganzen Körper strömen, so daß er sich mit der Energie aus deinem Herzen füllt.

Wenn du bereit bist, kannst du die Augen wieder öffnen.

Tagebuch des Herzens

Jedes Kind (und auch die Erwachsenen) sollte sich ein Tagebuch anlegen, um die ersten Gedanken darin zu notieren, die ihm unmittelbar nach dieser Übung in den Sinn kommen. Denken Sie daran, daß so ein Tagebuch streng geheim ist!

Kopf/Herz-Tagebuch

Vielleicht möchte Ihr Kind auch ein Kopf/Herz-Tagebuch führen. Dann schreiben Sie auf jede linke Seite des Tagebuchs „Kopf-Seite" und auf jede rechte „Herz-Seite". Wann immer das Kind bedrückt oder wütend ist oder sich über etwas aufregt, kann es all seine Gefühle und Gedanken auf die linke „Kopf-Seite" schreiben. Ein Tagebuch ist streng geheim! Das Kind darf *alles* schreiben, was es möchte, denn Sie als Eltern werden es nicht zu lesen bekommen.

Wenn alles aufgeschrieben ist, kann das Kind das Tagebuch einen Moment beiseite legen, die Augen schließen und sich auf etwas Schönes konzentrieren. Bitten Sie Ihr Kind, an etwas zu denken, das es liebt, ganz gleich was es ist – ein kleiner Hund, eine schöne Blume, eine Tasse Kakao, ein Fußballspiel, eine Umarmung, das Meer oder was immer ihm ein gutes Gefühl gibt. Fragen Sie es, welche Empfindungen dabei in ihm aufsteigen. Dann soll es die Augen wieder öffnen und die Gedanken aus seinem Herzen auf die „Herz-Seite" des Tagebuchs schreiben. Wenn das geschehen ist, bitten Sie es, die beiden Seiten zu vergleichen und zu sehen, ob sich seine Gedanken zu der Situation, die das Ganze ausgelöst hat, womöglich ein wenig geändert haben.

Ich bin etwas ganz Besonderes

Das wird gebraucht: sechs bis acht Blatt Papier pro Person, Stifte, Wachsmalkreiden, ein Hefter, eine Schere, Klebstoff, mehrere eigene Fotos und ein paar Souvenirs.

Jeder, der mitmacht, legt seine Blätter zu einem Stapel zusammen, knickt sie in der Mitte und heftet Sie im Falz zu einem Heft zusammen. Das Titelblatt bekommt die Aufschrift „Ich bin etwas ganz Besonderes" oder „Ich liebe mich".

Jeder sammelt in seinem Heft möglichst viele Informationen über sich selbst. Am Anfang stehen allgemeine Angaben wie der Name, das Geburtsdatum, das Sternzeichen, die Haarfarbe, die Größe und so weiter. Danach kommen Listen wie: „Warum ich mich mag", „Zwanzig Dinge, die ich gut an mir finde", „Zehn Dinge, die ich gern mache" oder „Warum ich etwas ganz Besonderes bin". Jeder zeichnet und malt, klebt Fotos, Haarlocken und Souvenirs in sein Heft und füllt es mit so vielen Informationen zu seinen Besonderheiten und liebenswerten Eigenschaften wie möglich.

Der Garten

Bitten Sie Ihr Kind/Ihre Kinder, tief und gleichmäßig zu atmen und konzentriert auf einen Punkt etwas über Augenhöhe zu schauen, so daß der Blick leicht nach oben gerichtet ist. Leiten Sie es an, diesen Punkt unverwandt im Auge zu behalten. Dabei spürt es vermutlich, wie seine Augen immer schwerer werden, bis sie schließlich von selbst zufallen. Sobald dies geschehen ist, lesen Sie mit ruhiger, sanfter und deutlicher Stimme den folgenden Text vor. Achten Sie darauf, daß Ihre Stimme nicht monoton klingt, und machen Sie regelmäßige Pausen, damit das Gesagte wirken kann.

Leg deine Hand auf dein Herz und spüre wie es klopft. Fühle den Rhythmus. Wird es langsamer oder schlägt es gleichmäßig? ... Bleib mit deiner Aufmerksamkeit ganz bei deinem Herzen. Wenn andere Gedanken in dir aufsteigen, laß sie ziehen wie Blütenblätter, die auf einem Fluß dahintreiben, und komm mit deiner Aufmerksamkeit geradewegs zum Herzen zurück. Und während du das tust, denkst du an jemanden, den du gern hast, oder an etwas, das du magst – eine Umarmung vielleicht oder einen kleinen Hund. Spüre nach, was dieser Gedanke in deinem Herzen auslöst. Wie fühlst du dich jetzt? Halte dieses Gefühl eine Weile in deinem Herzen fest, halt es richtig fest! Genieße, wie gut sich das anfühlt.

Und wie du so dasitzt, taucht auf einmal eine Landschaft vor dir auf, durch die sich ein Weg hindurchzieht... Er sieht genauso aus, wie du ihn haben möchtest. Er kann breit sein oder schmal, gewunden oder gerade, er kann am Ufer eines Baches entlangführen oder am Strand, er kann von Bäumen gesäumt sein oder von Bergen, ganz so, wie du es dir vorstellst.

Und nun gehst du diesen Weg entlang, bis du zu einem Baum kommst. Dieser Baum hat viele Äste. Es ist dein Sorgenbaum, der Baum also, an den du alle deine Sorgen hängen kannst. Bleib einen Moment stehen und lade all deine Sorgen ab, selbst wenn sie noch so klein sind. Hänge sie an die Äste des Baumes und geh dann weiter den Weg entlang. ... Wenn dir Steine, Äste oder andere Hindernisse im Weg liegen, bleib stehen und räume sie vorsichtig zur Seite. Gib ihnen etwas von der Liebe, die du in deinem Herzen spürst, und geh weiter. Schon bald kommst du an ein kleines Tor, das von deinen Lieblingsblumen umrankt ist.

Atme ihren wunderbaren Duft ein, während du das Tor öffnest. Du gehst hindurch und gelangst in den schönsten Garten, den du jemals gesehen hast. Er ist genauso, wie du ihn haben möchtest, und er gehört dir ganz allein… Die Farben deines Gartens sind wunderschön und strahlend. Die Sonne scheint, die Vögel zwitschern und du fühlst dich hier vollkommen sicher und geborgen. Du schlenderst eine Weile durch den Garten und staunst, was es hier alles zu entdecken gibt… [Pause]

Bevor du gehst, verabschiedest du dich von deinem Garten. Du dankst ihm, daß er für dich da ist und daß er so schön ist. Und wenn du ihn nun verläßt, so tust du es in dem Wissen, daß dieser Garten immer da ist und du jederzeit wieder hierher zurückkehren kannst, wenn du es möchtest... Nun komm mit deiner Aufmerksamkeit allmählich wieder zu deinem Herzen zurück... Klopft es jetzt anders als zuvor? Spüre die Liebe in deinem Herzen und laß sie in deinen ganzen Körper strömen. Spüre, wie gut das tut. Nun achte auf deinen Atem. Ist er langsamer geworden? Dann komm nach und nach wieder in diesen Raum zurück. Wenn du bereit bist, öffne deine Augen.

Zweiter Schritt – Die Wahrnehmung lenken und Streß vermeiden

Eine Vorstellung, die zu akzeptieren uns besonders schwer fällt, ist, daß unsere Reaktionen immer und zu jeder Zeit von unserer Wahrnehmung bestimmt werden. Das zu akzeptieren ist so schwer, weil es bedeutet, daß wir für unsere eigenen Aktionen und demnach auch für die Schaffung unserer eigenen Realität die volle Verantwortung tragen. Ein Beispiel: Ihr Kind kommt mit einer schlechten Note nach Hause. Sie können sich viel Streß daraus machen, sich sorgen, Ihren Blutdruck in die Höhe treiben und sich stundenlang die Laune verderben lassen. Oder aber Sie lassen los in dem Wissen, daß Streß weder an der Note etwas ändern noch Ihrem Kind weiterhelfen wird und Sie ihm aus einer Haltung der ruhigen Objektivität heraus sicherlich eine bessere Führung geben können. Für welche der beiden Wahrnehmungsmöglichkeiten Sie sich entscheiden, ist ausschlaggebend für Ihre eigene Reaktion, die Reaktion Ihres Kindes und die konkreten Folgen, die sich daraus ergeben.

Wir haben die Wahl. Wir können uns entscheiden, wie wir die Ereignisse in unserem Leben wahrnehmen. Unsere Wahrnehmung ist ausschlaggebend dafür, ob ein Glas halb voll oder halb leer ist. Wir können uns entschließen, die hundertprozentige Verantwortung für unsere Aktionen und Reaktionen zu übernehmen, und wir können unseren Kindern beibringen, es uns gleichzutun. Durch unsere

Führung und unser Vorbild können wir unseren Kindern noch vor dem Eintritt ins Erwachsenenalter ein Verständnis davon vermitteln, was es mit der Wahrnehmung auf sich hat, und sie so in die Lage versetzen, die Verantwortung für ihre Reaktionen zu übernehmen. Auf diese Weise ersparen wir ihnen einen Großteil der unangenehmen Faktoren, die in unserer heutigen Gesellschaft so allgegenwärtig sind: des streßerzeugenden Drucks, des Gefangenseins in der Opferrolle und der ständigen Konflikte.

Eine Frage des Standpunkts

Vor langer Zeit stach ein Schiff bei stürmischem Wetter in See. Alle Männer an Bord waren eingefleischte Seeleute und Söhne von Seeleuten und alle hatten ein Wetter wie dieses schon auf See erlebt – alle, bis auf einen. Und damit nicht genug, dieser eine war noch nie zuvor auf einem Boot oder Schiff gewesen und konnte noch nicht einmal schwimmen.

Kaum hatte das Schiff den Hafen verlassen, wurde ihm übel. Das Schiff schwankte und sein Magen mit ihm, und wenn sich das Schiff hob, hob es ihn auch. Als das Land hinter dem Horizont versunken war und der Sturm sie mit aller Wucht erreichte, war er ganz grün im Gesicht. Er hing über der Reeling und stöhnte laut: „Ich kann nicht mehr! Ich will runter von diesem Schiff!" Und schon bald wurde sein Stöhnen zum Schreien: „Laßt mich runter von diesem Schiff! Laßt mich runter von diesem Schiff!"

Die Seeleute beachteten ihn zunächst nicht weiter. Aber nach einer Weile trat der eine oder andere auf ihn zu und meinte, er solle sich doch zusammenreißen. Schließlich versuchte einer der Matrosen, ihn zu beruhigen. Er versicherte ihm, mit der Zeit würde er schon seefest werden, und gestand, daß es ihm anfangs genauso ergangen sei. Doch nichts half. Der Mann war wie von Sinnen. Am Ende verlor der Kapitän die Geduld und brüllte: „So tut doch etwas, damit der Mann zur Ruhe kommt!"

„Er will runter vom Schiff", antwortete der zweite Offizier. „Ich meine, wir sollten ihm seinen Wunsch erfüllen." Mit diesen Worten ergriff er den Mann an den Beinen, der Steuermann packte ihn an den Armen und gemeinsam warfen sie ihn über Bord.

Die See war nicht nur rauh, sondern auch noch eisig kalt. Der Mann erschrak zu Tode und glaubte, er müsse ertrinken. In seiner Panik schlug er wie wild um sich und schrie noch lauter als zuvor.

Es heißt, wenn man dem Tod ins Auge schaut, sieht man sein ganzes Leben noch einmal blitzartig vorüberziehen. Nun, genau dies geschah. Als der Mann so um sich schlug und nach Luft schnappte, erinnerte er sich an all die guten, schönen und süßen Momente seines Lebens.

Er hatte nicht bemerkt, daß sich die ganze Mannschaft an der Reeling versammelt hatte, um ihn zu beobachten. Und er sah auch nicht, wie der Kapitän zweien seiner Männer ein Zeichen gab, woraufhin diese in die Fluten sprangen, um ihn zurück an Bord zu holen.

So kam es, daß er nicht ertrank. Er wurde an Bord gehievt, in warme Decken gehüllt und mit heißem Tee versorgt. Schon bald hatte er sich beruhigt und war wieder ganz normal.

Da wandte sich der Kapitän an seinen zweiten Offizier und meinte: „Natürlich habe ich gesagt, Sie sollten etwas mit diesem Mann tun, doch was Sie getan haben, war schon sehr extrem. Und doch", fügte er mit einem Blick auf den nunmehr ruhig und zufrieden dreinschauenden jungen Mann hinzu, „es scheint funktioniert zu haben."

„Sehen Sie, Herr Kapitän", erwiderte der zweite Offizier, „erst als er kurz vor dem Ertrinken war, hat er erkannt, wie sicher so ein Schiff ist. Es ist eben alles eine Frage des Standpunkts, nicht wahr?"

Ein Schiff stach bei stürmischem Wetter in See

Springende Maus

Es war einmal eine Feldmaus namens Springende Maus. Sie huschte mit den anderen Mäusen hin und her, spielte mit ihnen, nagte mal an diesem, mal an jenem, rannte mal hierhin und mal dorthin – kurz, sie tat all das, was Mäuse so tun. Anders als die anderen jedoch fand Springende Maus dieses Mäuseleben ziemlich langweilig. Von Zeit zu Zeit überkam es sie und dann sprang sie jedesmal unvermittelt in die Luft. Dies hatte ihr den Namen Springende Maus eingetragen.

Wenn sie sprang konnte Springende Maus sehr viel weiter sehen als die anderen Mäuse, weil sie viel höher hinauskam. Aus der Luft hatte sie eine Perspektive, die weit über die Nichtigkeiten des normalen Mäusealltags hinausreichte. Von hier oben konnte sie Hügel und Berge und Baumwipfel sehen. Wann immer sie nach einem Sprung landete, bei dem sie wieder etwas Außergewöhnliches gesehen hatte, rannte sie zu den anderen Mäusen, um ihnen davon zu erzählen. Die hörten ihr zwar zu, zeigten sich aber nicht sonderlich interessiert, denn sie waren viel zu sehr mit Rennen und Huschen und Nagen und Angsthaben beschäftigt.

Springende Maus sprang immer öfter in die Luft, und jedesmal machte sie neue Entdeckungen. Sie sah über all die kleinen Dinge hinaus, die den anderen Mäusen Sorgen bereiteten. Die machten sich nämlich ständig Gedanken darüber, ob sie auch genug zum Fressen hätten oder wo sie bei Regenwetter Unterschlupf finden könnten. Selbst die Tatsache, daß es auf dem Feld Nahrung in Hülle und Fülle und ausreichend Löcher im Boden und in den Bäumen gab, konnte sie nicht von ihren Sorgen befreien.

Die Mäuse fürchteten sich auch vor dem großen Adler und hatten Angst, er könne jeden Moment im Sturzflug auf sie zukommen und sie fressen. Und wann immer sie den Adler am Himmel erblickten, verschwanden sie sogleich in ihren Löchern.

Nun hatte Springende Maus zwei Augen, genau wie die anderen Mäuse auch, doch sie konnte mit dem einen Auge in die Vergangenheit schauen und mit dem anderen in die Zukunft. Eines Tages stieß sie sich einen Dorn in das Auge, das ihr Einblick in die Vergangenheit gewährte, und von da an schenkte sie dem, was früher geschehen war, keinen einzigen Gedanken mehr. Nur einen Tag später stieß sie sich einen Dorn in das Auge, das ihr Einblick in die Zukunft gewährte, und von da an machte sie sich auch keine Gedanken mehr mehr über das, was als nächstes geschehen würde.

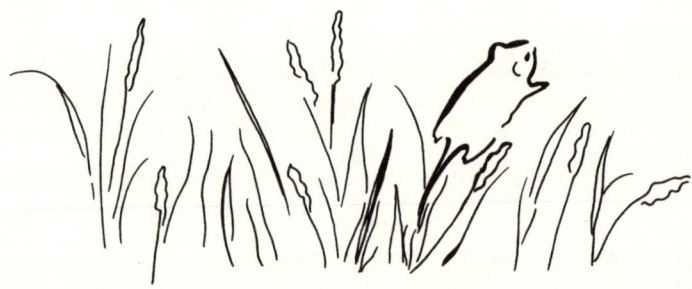

Springmaus

Fortan konnte sie nur noch dem ihre Aufmerksamkeit schenken, was im Augenblick geschah. Selbst wenn sie gewollt hätte, hätte sie sich nicht mehr wie die anderen Mäuse tagaus, tagein Sorgen machen können, was wohl die Zukunft bringen würde, ob es genug zu fressen gäbe, was in der Vergangenheit geschehen war oder ob sich unangenehme Ereignisse wohl wiederholen würden. Sie konnte einzig und allein über das nachdenken, was im Augenblick geschah.

Eines Tages kam der Adler im Sturzflug aus dem Himmel herab. Springende Maus sah ihn natürlich erst, als er unmittelbar vor ihr war, und er packte sie mit seinen Klauen. Da wurde Springende Maus wie durch ein Wunder selbst zum Adler. Auf mächtigen Schwingen erhob sie sich in die Lüfte und sah alles, was es auf der Erde zu sehen gab, bis zum Horizont und zurück. Sie hatte auf einmal den grenzenlosen Überblick.

Was kommt bei dir an?

Das wird gebraucht: ein Blatt Papier pro Mitspieler, Stifte, Wachsmalkreiden und ein großes Buch mit hartem Einband (zum Beispiel ein Lexikon) oder etwas Ähnliches als Sichtschutz

Jeweils zwei Spieler bilden ein Paar. Sie sitzen einander am Tisch gegenüber, mit dem Sichtschutz in der Mitte. Vor jedem Spieler liegt ein Blatt Papier. Es ist wichtig, daß keiner von beiden sehen kann, was der andere malt.

Einer der beiden malt nun ein (nicht allzu kompliziertes) Bild. Wenn er fertig ist, beschreibt er es seinem Partner. Dieser versucht, das Bild anhand dieser Beschreibung auf seinem Blatt wiederzugeben. Weder Gesten noch Zwischenfragen sind erlaubt. Und natürlich darf auch nicht gespickt werden! Am Ende werden die beiden Bilder verglichen, um zu sehen, wie gut die Kommunikation geklappt hat. Tauschen Sie sich darüber aus, was gut und was weniger gut funktioniert hat. Tauschen Sie dann die Rollen und wiederholen Sie das Spiel.

Herzensantworten

Das wird gebraucht: roter Stoff (vorzugsweise Filz), dicke Pappe oder Karton, Schere, ein Stift, Nadel und Faden

Legen Sie den Stoff doppelt. Malen Sie darauf ein Herz von mindestens der Größe Ihrer Hand. Schneiden Sie es aus und nähen Sie die beiden Herzen so zusammen, daß oben ein handbreiter Schlitz offen bleibt.

Zeichnen Sie auf die Pappe oder den Karton bis zu fünfzig Herzen von etwa drei bis fünf Zentimetern Breite. Jedes Familienmitglied bekommt die gleiche Anzahl Herzen, schneidet sie aus und schreibt auf jedes eine „Herzensantwort". Die Herzensantworten kann man sich entweder aus der nachstehenden Liste aussuchen oder man denkt sich eigene aus.

Schließlich werden alle Herzensantworten gemischt und in das Stoffherz gefüllt. Wann immer es einem Familienmitglied schwer fällt, mit der Stimme seines Herzens (seinem inneren Wissen) in Kontakt zu kommen, oder es darum geht, die eigene Wahrnehmung zu verändern und einen anderen Standpunkt einzunehmen, hält man sich das Stoffherz an die Brust, schließt die Augen und geht einen Augenblick in die Stille. Dabei denkt man an etwas, das einen ins Herz kommen läßt und mit Liebe erfüllt. Dann stellt man dem Herzen laut oder still für sich eine Frage bezüglich der eigenen Wahrnehmung oder der Notwendigkeit der intuitiven Führung. Dabei stellt man sich vor, wie diese Frage direkt ins Herz gelangt. Dann öffnet man die Augen, greift in das Stoffherz und zieht seine Herzensantwort.

Beispiele für Herzensantworten
Genieße den Tag!
Sei mitfühlend!
Was kannst du tun, damit es besser wird?
Strahle wie die Sonne!
Glaube, daß deine Wünsche wahr werden!
Nutze deine Vorstellungskraft!
Du weißt es!
Behalte dein Wissen nicht für dich!
Geh den Weg des Herzens!
Halte den Gedanken fest – und er wird Wirklichkeit werden!
Schau dich im Spiegel an!
Laß es dir gut gehen!
Du hast alles, was du brauchst.
Fühle die Liebe, die dich umgibt!
Betrachte das Ganze aus einem anderen Blickwinkel heraus!
Ändere deine Wahrnehmung!
Und was ist dein Beitrag?
Folge der Stimme deines Herzens!
Schicke Liebe dorthin, wo es dir wehtut!

Du wirst geliebt.
Lach mal wieder!
Du bist perfekt!
Du bist gut genug!
Halt nicht daran fest; laß los!
Sei nett zu irgend jemandem!
Hilf anderen!
Laß deine Ängste davonfliegen!
Du bist ein Kind der Liebe.
Achte dich selbst!
Sei nett zu dir selbst!
Alles ist in Bewegung.
Jeder will geliebt werden!
Sei biegsam wie ein junger Baum!
Don't worry, be happy!
Rede nicht, handle!
Übe dich in Achtung und Wertschätzung!
Laß deine Träume wahr werden!
Du selbst erschaffst deine Wirklichkeit.
Bleib im Herzen!
Beschäftige dich mit den Gedanken, die dir ein gutes Gefühl
geben!
Liebe dich selbst!
Sei furchtlos!
Das Leben macht Spaß.
Vertrau auf dich selbst!
Übe dich in Vergebung!
Danke jemandem, den du liebst!
Entspann dich und versuch's noch einmal!
Spüre, wie du mit allem verbunden bist!
Probleme sind da, um gelöst zu werden.

Gib dem Streß keine Chance!
Sieh das Lustige an der Sache!

Der „Und-was-dann"-Plan

Sorgen machen sich die meisten von uns – ob jung oder alt. Und ganz besonders sorgen wir uns um das, was geschehen *könnte*.

Ein „Und-was-dann"-Plan ist eine gute Möglichkeit, um Sorgen und den damit einhergehenden Streß loszulassen. Er läßt sich für jede x-beliebige Sorge erstellen. Hier ein Beispiel:

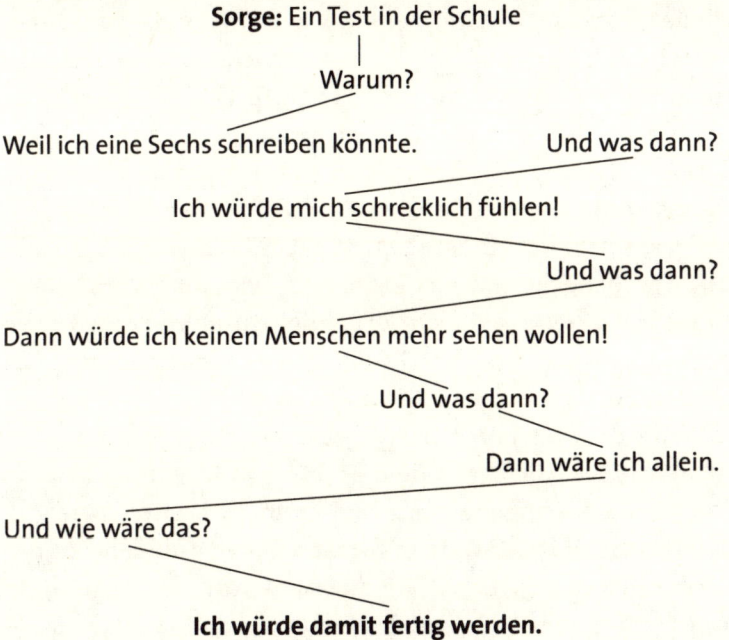

Sorge: Ein Test in der Schule
|
Warum?

Weil ich eine Sechs schreiben könnte.   Und was dann?

Ich würde mich schrecklich fühlen!

Und was dann?

Dann würde ich keinen Menschen mehr sehen wollen!

Und was dann?

Dann wäre ich allein.

Und wie wäre das?

Ich würde damit fertig werden.

Wahrnehmungswolken

Beginnen Sie wie in der Phantasiereise „Der Garten" auf Seite 45 beschrieben.

Atme tief in den Bauch … und schließe die Augen. Denke jetzt an jemanden, den du magst, oder an etwas, das dir warm ums Herz werden läßt und das dich mit Liebe erfüllt. Halte dieses Gefühl fest und versuche dabei, dich zu entspannen und deine Gedanken zur Ruhe kommen zu lassen... Stell dir nun vor, daß du auf einem kühlen, trockenen Rasen liegst. Du schaust in den Himmel über dir und siehst, wie ein paar kleine, flockige, weiße Wolken vorüberziehen. In ihren Formen erkennst du verschiedene Dinge wieder. Eine der Wolken sieht aus wie ein junges, hübsches Mädchen. Und während du es beobachtest, wird daraus zuerst eine alte Hexe und dann eine Elfe. Du siehst den Wolken eine Zeitlang zu und beobachtest, wie sie die verschiedensten Formen annehmen und sich wieder verwandeln, während du sie betrachtest.

Du kannst auch andere Dinge betrachten wie diese Wolken. Versuche einmal, etwas, das du nicht magst, auf diese Weise zu sehen. Vielleicht erkennst du etwas darin, das ganz anders und gut ist. [Diesen letzten Absatz können Sie ganz auf die jeweilige Situation abstimmen.]

Wenn du dies getan hast, dann schicke etwas von der ganzen Liebe, die du in deinem Herzen trägst, zu jemandem, der sie dringend brauchen kann. Spürst du, wie gut sich das anfühlt? Und dann fühlst du, wie die Liebe zu dir zurückkommt – viel stärker noch, als du sie ausgesandt hast. Nun nimm etwas von der Liebe, die du in deinem Herzen trägst, und schenke sie dir selbst. Nimm die Liebe aus deinem Herzen auf, bis du ganz davon erfüllt bist, vom Kopf bis zu den Zehenspitzen... Und wenn du dazu bereit bist, kannst du die Augen wieder öffnen.

Dritter Schritt –
Wünsche, Träume, Ziele und Errungenschaften

Ein jeder von uns hat Wünsche und Träume. Manche realisieren sich, andere nicht. Wenn wir uns darauf festlegen, einen bestimmten Wunsch oder Traum Wirklichkeit werden zu lassen, wird daraus ein Ziel. Wann immer wir ein Ziel erreichen, erfährt unser Selbstbewußtsein einen beachtlichen und manchmal bleibenden Schub. Ziele zu erreichen, ist eine Grundvoraussetzung für die Entwicklung eines gesunden Selbstvertrauens.

Die Vorstellungskraft spielt eine wichtige Rolle bei der Erreichung von Zielen. Die Art, wie wir sie einsetzen, bestimmt unseren Erfolg, denn sie ermöglicht es uns, das Ziel klar zu definieren und es konsequent zu verfolgen.

Indem ein Kind erkennt, wie wichtig die Vorstellungskraft für die Umsetzung seiner Träume und Ziele ist, bekommt es ein nicht zu unterschätzendes Instrument in die Hand. Je früher Kinder lernen, ihre bildhafte Phantasie positiv zu nutzen, desto leichter haben sie es im Leben. Wenn sie lernen, ihre Vorstellungskraft in den Dienst ihrer Ziele zu stellen, so stärkt das ihr Selbstvertrauen auf ganz natürliche Weise.

Indem wir sie ermutigen, mit gutem Beispiel vorangehen und ein liebevolles, wohlwollendes Umfeld schaffen, unterstützen wir als Eltern oder erwachsene Bezugspersonen unsere Kinder beim Erreichen ihrer Ziele und helfen ihnen bei der Verwirklichung ihrer Wünsche und Träume.

Holua-Manu

Vor langer, langer Zeit, kurz nach der Besiedlung der Insel Kauai durch die Hawaiianer, fanden ein Mann und eine Frau Zugang zu einer Schlucht, durch die ein Fluß führte, den man heute Waimaka nennt. Dort, wo zwei Täler sich trafen, ließen sich die beiden nieder. Wasser war im Überfluß vorhanden, es gab wilde Bananen und Taro-Wurzeln und auch Flußkrebse waren leicht zu fangen. Und das beste von allem: Die beiden hatten einen Sohn, der voller Tatendrang steckte und so flink war, daß man ihn Manu, den Vogel, nannte.

Schon bald wurden Manus Eltern träge. Sie saßen im Schatten des Baumes und sahen zu, wie Manu mal hierhin, mal dorthin schwirrte, um für alle das Essen zusammenzutragen, zuzubereiten und aufzutragen. Sie wurden fett und fetter und bewegten sich immer weniger. Nur ihre Augen huschten hin und her auf der Suche nach Abwechslung.

Die beiden hatten zwei sonderbare Fähigkeiten. Sie konnten einzig mit der Kraft ihres Blickes Felsbrocken bewegen und an anderer Stelle wieder absetzen. Und sie konnten mit ihrem bloßen Willen im Flußbett Flutwellen erzeugen. Und weil sie nichts anderes zu tun hatten, machten sie sich einen Spaß daraus, arglosen Fremden, die am Ufer des Waimaka entlangkamen, Felsklötze vor die Füße zu werfen. Es dauerte nicht lange, da traute sich kein Fremder mehr an den Waimaka. Also vertrieben sie sich die Zeit damit, die Gesteinsbrocken ganz dicht neben ihrem Sohn Manu fallenzulassen und zuzusehen, wie dieser jedesmal zutiefst erschrak. Wann immer Manu den Fluß überqueren mußte, schickten sie ihm Flutwellen, um ihn stürzen zu sehen. Und ihr Lachen hallte durchs Tal, bis es Zeit zum Essen war. Dann riefen die beiden Faulpelze nach Manu, daß er ihnen endlich etwas auftischen solle. War dieser nicht augenblicklich zur Stelle, klagte der Vater: „Was nützt es uns schon, daß unser Sohn stark ist, wenn er doch nicht für uns Eltern arbeitet?" Und so schuftete Manu vom Morgengrauen bis zum Einbruch der Nacht.

Wann immer Manu zum Fluß ging, um Krebse zu fischen, kam er an einer Wasserrutsche vorbei – einer steilen Stelle, an der sich die Leute früher mit schmalen Schlitten ins Wasser hatten gleiten lassen. Manu konnte sich kaum etwas Spannenderes vorstellen, als selbst einmal mit so einem Schlitten zu fahren. Doch nie hatte er Zeit, sich einen zu bauen, und selbst wenn er einen gehabt hätten, wäre ihm doch bei all der Arbeit mit der Versorgung seiner Eltern nie die Zeit zum Rutschen geblieben. Nachts aber, wenn sein Körper schlief, träumte Manu davon, wie er die Wasserrutsche hinunterglitt.

Eines abends, als Manu mit einem Bund Taro-Wurzeln auf dem Rücken nach Hause ging, entdeckte er auf einmal eine ganz neue Wasserrutsche. Während er noch staunend dastand, raste ein winziger Schlitten den Hang hinab. Er stieß gegen einen Stein, wurde in die Luft geschleudert und warf seinen Fahrer ab. Manu sprang vor, fing den Mann auf und rettete ihm so das Leben, denn den Sturz in die felsige Tiefe hätte er sicher nicht überlebt.

Er betrachtete ihn neugierig. Er war sehr klein, nur etwa halb so groß wie Manu selbst, und trug einen krausen braunen Bart. Kaum hatte Manu ihn abgesetzt, sprang er in die Büsche und war verschwunden. Manu war traurig, denn nur allzu gern hätte er mit jemandem über die Wasserrutsche gesprochen.

Als er seinen Weg fortsetzte, entdeckte er auf einmal den kleinen Schlitten, der zerbrochen zwischen den Felsen lag. Er hob ihn auf, sah ihn sich an und murmelte vor sich hin: „Vielleicht kann ich ihn reparieren." Dabei, so dachte er, würde er lernen, sich selbst einen zu bauen. Also band er sich den Schlitten auf den Rücken und wanderte nach Hause.

In den darauffolgenden Tagen trug Manu Holz zusammen und schnitzte es so zu, daß er die zerbrochenen Teile damit ersetzen konnte. Als der Schlitten wieder ganz war, polierte er ihn, bis er glänzte.

Manus Eltern waren alles andere als zufrieden. „Wenn du Zeit hast, einen Schlitten zu bauen", nörgelten sie, „so zeigt das nur, was für ein Faulpelz du bist. Du denkst nur an dich selbst. Wie kannst du uns das antun?"

„Ich habe noch nie auf einem Schlitten gesessen", entgegnete Manu. „Von früh bis spät arbeite ich. Wenn ich nur einen einzigen Tag ganz für mich hätte, würde ich nichts anderes tun, als auf der Wasserrutsche zu rutschen!"

„Du kannst einen freien Tag bekommen", antworteten die Eltern. „Doch zuerst mußt du uns einen großen Korb mit Nahrung füllen. Und du mußt ein Taro-Feld anlegen, damit wir Wurzeln essen können, wann immer wir möchten. Und du mußt Zuckerrohr und Bananen pflanzen. Wenn du das alles in drei Tagen schaffst, dann sollst du einen Tag ganz für dich haben."

„Es ist nicht nett von euch, euch über mich lustig zu machen", protestierte Manu. „Ihr wißt genau, daß ich das nie in drei Tagen schaffen kann." Seine Eltern aber lachten nur.

Als Manu das nächste Mal zu der Stelle ging, wo der Schlittenfahrer gestürzt war, nahm er den kleinen Schlitten mit. Er hatte keine Mühe, die Rutsche zu finden, und er stellte den reparierten Schlitten so hin, daß er leicht zu sehen war. Dann machte er sich auf, um Nahrung zu suchen.

Als er am Abend auf dem Heimweg wieder an der Stelle vorbeikam, stand der kleine bärtige Mann plötzlich vor ihm. Er hielt ihm den reparierten Schlitten entgegen und sagte: „Ich bin gekommen, um dir zu danken."

„Das ist doch gern geschehen", erwiderte Manu.

„Ohne dich wäre ich bei meinem Sturz mit dem Schlitten sicher auf den Felsen zerschellt", beharrte der kleine Mann. „Und dann hast du auch noch meinen Schlitten repariert. Es ist sehr viel, was du für mich getan hast!"

„Nie zuvor habe ich von irgend jemandem ein Wort des Dankes gehört", meinte Manu erfreut.

Daraufhin fragte der kleine Mann: „Warum suchst du den ganzen Tag nach Nahrung? Warum gehst du nicht selbst ab und zu Schlitten fahren?"

„Es gäbe nichts, was ich lieber täte", antwortete Manu. „Doch zuerst muß ich am Flußufer ein Taro-Feld anlegen und dann muß ich Zuckerrohr und Bananen pflanzen."

„Komm, laß uns jetzt gleich einmal fahren", drängte der kleine Mann. „Die Rutsche ist nicht weit, und mein Schlitten wartet nur auf dich!"

„Unmöglich", entgegnete Manu traurig. „Dein Schlitten ist zu kurz für mich. Er würde unter meinem Gewicht sicher zusammenbrechen. Außerdem bin ich spät dran. Meine Eltern werden ohnehin schon wütend sein." Er seufzte tief. „Doch eines Tages werde ich tun, was ich möchte. Eines Tages werde ich genug Nahrung für meine Eltern auf Vorrat gesammelt haben und dann werde ich von Sonnenaufgang bis Sonnenuntergang Schlitten fahren."

Mit diesen Worten machte sich Manu auf den Heimweg. Wie er erwartet hatte, waren seine Eltern wütend und schickten ihn nochmal los, um Krebse zu fangen. Als er durchs Wasser watete, schickten sie eine Flutwelle das Flußbett hinunter, die ihm die Beine wegzog und ihn stürzen ließ. Seine Eltern lachten so laut, daß die Berge davon widerhallten. Ohne daß Manu oder seine Eltern es ahnten, hörten diesmal aber noch andere Ohren zu, und die fanden das alles andere als komisch.

Des nachts, als Manu schlief, war die Luft von tausend zarten Stimmen erfüllt. In der Morgendämmerung verstummten sie und zogen sich in die Bergeshöhen zurück.

Als Manus Eltern erwachten, staunten sie nicht schlecht. Neben ihrer Hütte war ein Taro-Feld angelegt und die jungen Pflanzen schaukelten im Morgenwind. Entlang der Hüttenwände war Zuckerrohr gepflanzt und allenthalben wuchsen Bananenstauden. Doch damit nicht genug, vor dem Haus standen große Körbe, die bis zum Rand mit Nahrung gefüllt waren.

„Jetzt kann ich endlich Schlitten fahren", rief Manu voller Freude und machte sich sogleich auf den Weg zu der Wasserrutsche, um nach seinem kleinen bärtigen Freund Ausschau zu halten.

„Wo bist du?" rief er. „Komm her, damit ich dir danken kann!"

„Du brauchst mir nicht zu danken", entgegete der kleine Mann und trat aus dem Gebüsch. „Du hast mir schließlich das Leben gerettet!"

Der kleine Mann führte Manu bis zum höchsten Punkt der Steigung hinauf. Von hier aus reichte eine Wasserrutsche bis weit hinab in die glitzernden Fluten des Flusses.

„Komm, wir machen ein Rennen!" rief er, warf sich auf seinen Schlitten und raste den Hang hinunter. Ein wenig zögerlich setzte sich Manu auf den großen Schlitten, der für ihn bereitstand, und folgte ihm. Schließlich aber flog er mit der Anmut eines Vogels und so schnell wie der Wind den Hang hinunter.

Manus Eltern sahen mißmutig von ihrem Platz unter dem Baum aus zu. „Wir müssen schnell etwas tun", meinte die Mutter. „Sonst wird Manu nie wieder für uns arbeiten und den ganzen Tag nur Schlitten fahren!"

Sie nahmen ihre ganze Kraft zusammen und während Manu und sein Freund erneut die Steigung hinaufkletterten, hoben sie zwei Felsen in die Luft, um sie mit lautem Getöse in den Fluß klatschen zu lassen. Als Manu mit dem Schlitten daherkam, sah er die Felsen gerade noch rechtzeitig. Geschickt glitt er über sie hinweg, so daß ihm nichts geschah. Als seine Eltern dies sahen, wurden sie nur noch wütender und schickten eine mächtige Flutwelle das Flußbett hinunter. Manu wurde von den tosenden Wassern hin- und hergeworfen und sein Schlitten zerschellte. Seine Eltern lachten so laut, daß das ganze Tal davon widerhallte.

Manu zog seinen zerbrochenen Schlitten aus dem Wasser.

„Los!" rief sein Vater. „Arbeite für uns! Du kannst nichts gegen die Flutwellen ausrichten, die wir dir schicken!"

Manu ging zu ihnen hinüber und sagte ganz ruhig: „Zwanzig Jahre lang habe ich hart für euch gearbeitet. Von früh bis spät habe ich getan, was ihr mir aufgetragen habt, während ihr selbst euch von Mal zu Mal weniger gerührt habt. Die Gaben, die die Götter euch schenkten, eure Macht über Felsen und Wasser, habt ihr vergeudet. Ihr hättet eure Kräfte nutzen können, um das ganze Tal fruchtbar zu

machen und zu bewässern, so daß es nie an Nahrung ge-
mangelt hätte. Weil ihr statt dessen aber aus reinem Zeit-
vertreib jeden Fremden, der hierher kam, mit Felsen be-
worfen und mit Flutwellen verjagt habt, mag nun niemand
mehr herkommen und das Tal ist verlassen und zugewu-
chert. Außerdem habt ihr das Versprechen gebrochen, das
ihr mir gegeben habt. Einen Tag sollte ich für mich allein haben, wenn es mir gelänge, drei Aufgaben zu erfüllen. Ich habe es geschafft, doch ihr habt mir den Tag nicht gegönnt.
Jetzt weiß ich, daß ihr nie zufrieden sein werdet. Mögt ihr
euer Leben leben. Ich lebe das meine."

Manu schwirrte mal hierhin, mal dorthin

Mit diesen Worten ergriff er seinen Schlitten und ging davon, ohne sich noch einmal umzuschauen. Seine Eltern riefen ihm nach, aber er hörte nicht auf sie. Sie bündelten ihre ganze Kraft, um ihm eine gewaltige Flutwelle entgegenzuschicken, doch diesmal kam sie nicht. Sie versuchten, Felsen auf ihn zu schleudern, doch die Felsen rührten sich nicht. Die Götter hatten ihre Gaben zurückgenommen und fortan mußten die beiden ihre Arbeit selbst verrichten.

Manu aber reparierte seinen Schlitten und war von da an jeden Tag mit dem kleinen Mann an der Wasserrutsche anzutreffen. Er brachte es zu solcher Meisterschaft, daß er schließlich sogar im Stehen fahren konnte. Manus Ruf als Schlittenfahrer verbreitete sich über die ganze Insel und von überall her kamen Menschen, um ihm zuzusehen und ihn für sein Können und seinen Mut zu bewundern. So war Manus Traum schließlich doch noch in Erfüllung gegangen.

Der Wunschbaum

Einmal wanderte ein junger Mann namens Peter durch einen Wald. Er trug einen großen Rucksack auf dem Rücken. Am frühen Morgen war er aufgebrochen und als die Dämmerung hereinbrach, war er sehr müde. Und als er so nachdachte, wohin er wohl sein müdes Haupt betten könne, fiel sein Blick auf einen großen, schönen Baum am Wegesrand.

„Was für ein wunderbarer Rastplatz", dachte er.

Sogleich nahm er seinen Rucksack ab, setzte sich hin und lehnte sich mit dem Rücken gegen den Baumstamm. Und wie er so dasaß und sich ausruhte, bemerkte er, wie hungrig er war. „Wenn ich nur etwas zu essen hätte!" Kaum hatte er den Gedanken zu Ende gedacht, stand ein großer Teller mit seinen Lieblingsspeisen vor ihm. Er staunte nicht schlecht und dachte: „Das muß wohl der berühmte Wunschbaum sein, unter dem ich hier sitze!"

Der Wunschbaum

Peter machte sich ans Essen und schon bald war der Teller leer. Er lehnte sich gegen den Baumstamm und dachte: „Wenn ich nur etwas zu trinken hätte!" Und kaum hatte er ausgedacht, stand auch schon eine Kiste mit seinen Lieblingsgetränken vor ihm.

Er fand es einfach herrlich und trank mit langen Zügen gleich drei Flaschen auf einmal aus. Dann lehnte er sich wieder gegen den Baum und dachte: „Wenn ich nur einen weichen Sessel hätte." Und schon stand der gewünschte Sessel vor ihm.

Peter konnte es kaum fassen. Er nahm im Sessel Platz und dachte: „Das muß wohl wirklich der Wunschbaum sein. Da kann ich mir ja alles wünschen, was ich will." Also wünschte er sich Schokolade und hatte gleich mehr als genug davon. Dann wünschte er sich Eis und bekam so viel, wie er nur essen konnte. Er wünschte er sich alles, was ihm in den Sinn kam, bis die Sonne schließlich unterging.

Da dachte er: „Ich bin mutterseelenallein mitten im Wald, in finsterer Nacht. Was, wenn jetzt ein Wolf käme und mich fressen würde?"

Und der Wolf kam!

Zeitlinien

Das wird gebraucht: Papier und Stifte

Jeder bekommt ein Blatt Papier und einen Stift und malt eine Linie, die sich etwa in der Mitte des Blattes gabelt (siehe Abbildung Seite 74).

Entlang der waagerechten Linie werden wichtige Dinge eingetragen, die im Leben des einzelnen geschehen sind.

Wer sein Blatt vor den anderen geheimhalten möchte, darf das ruhig tun. Ziel dieses Spiels ist vor allem, sich selbst besser kennenzulernen.

Entlang der oberen Gabelungslinie schreibt jeder seine wichtigsten Träume, Wünsche und Ziele für die Zukunft auf. Entlang der unteren Linie werden all die Dinge eingetragen, die man auf seinem zukünftigen Weg für wahrscheinlich hält.

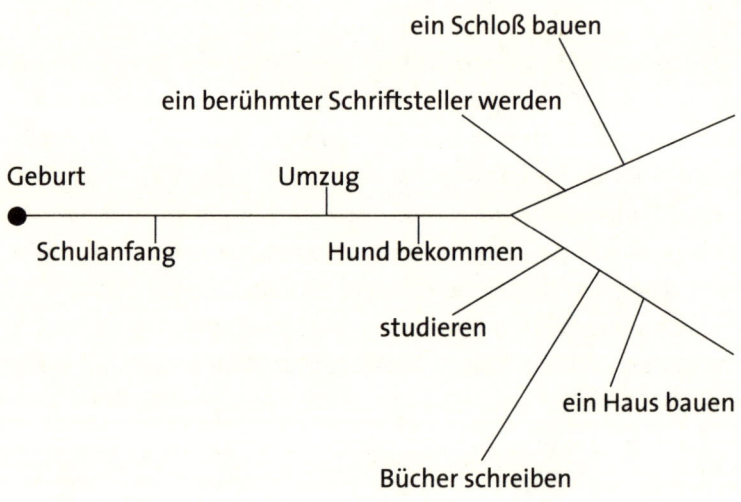

Eine Zeitlinie

Schauen Sie, wie sehr sich das für wahrscheinlich Gehaltene von den Träumen, Wünschen und Zielen unterscheidet. Überlegen Sie gemeinsam (oder jeder für sich), was zu tun oder zu verändern ist, damit die Träume, Wünsche und

Ziele realistischer scheinen. Welche Schritte oder Veränderungen sind notwendig, um die Träume, Wünsche und Ziele zu verwirklichen?

Jeder entschließt sich nun, innerhalb eines bestimmten Zeitraums einen Schritt zu tun, der ihn der Verwirklichung seiner Wünsche näherbringt. Besprechen Sie, wie Sie sich gegenseitig unterstützen können. Und dann setzen Sie das Ganze in die Tat um!

Schatzalbum

Das wird gebraucht: ein großes Heft pro Person, Schere, Klebstoff, Klebstreifen, Buntstifte, Bilder aus Zeitschriften und persönliche Fotos

Jeder legt ein Album mit Bildern, Gedichten, Affirmationen, Fotos und Zeichnungen an, in dem er seine perfekte Zukunft darstellt. Reservieren Sie für jedes Ziel beziehungsweise jeden Traum mindestens eine Seite, die Sie so farbenprächtig und lebendig wie möglich gestalten. Die Fotos, die jeder von sich selbst hat, werden ausgeschnitten und das „perfekte Bild" geklebt.

Das Schatzalbum kann wie ein Comic-Heft, eine Schatzkarte, ein Photoalbum, ein Bilderbuch oder ganz nach den persönlichen Vorstellungen gestaltet werden. Lassen Sie Ihrer Phantasie freien Lauf! Es gibt keine Einschränkungen! Ermutigen Sie alle (auch sich selbst), dieses Album richtig lebendig werden zu lassen. Sie können einzelne Seiten auch mit einer passenden Duftnote versehen – zum Beispiel, indem Sie ein paar Tropfen Lavendelöl auf Ihren Traum von einer Reise in die Provence träufeln.

Ganz wichtig: Was Sie hier abbilden, ist das Endergebnis und nicht die Art und Weise, wie Sie dieses Ziel erreichen können.

Die Arbeit mit dem Schatzalbum kann in der Familie zur konstanten Einrichtung werden. Sie hilft allen Beteiligten, sich besser auf ihre Ziele zu konzentrieren, und erhöht die Freude, wenn man es geschafft hat.

Persönlicher Zielplan

Das wird gebraucht: Papier und Stifte

Schreiben Sie oben auf das Blatt „..............s Plan" (auf der Linie setzen Sie Ihren Namen ein). Zeichnen Sie in die Mitte des Blattes einen Kasten, in den Sie Ihr höchstes Ziel eintragen. Dann legen Sie den Stift einen Augenblick zur Seite, schließen die Augen und gehen in die Stille. Richten Sie Ihre Aufmerksamkeit auf das Herz. Denken Sie dabei an etwas, das Ihnen warm ums Herz werden läßt. Konzentrieren Sie sich auf dieses Gefühl, bis Sie ein Lächeln in sich aufsteigen fühlen. Bleiben Sie bei diesem Gefühl und öffnen Sie die Augen. Nehmen Sie den Stift wieder zur Hand und lassen Sie sich überraschen, was Ihnen alles einfällt, um Sie der Verwirklichung Ihres Zieles näherzubringen. Notieren Sie diese Ideen auf Linien, die von Ihrem „Ziel-Kasten" abzweigen.

ZIEL: Eine Rede halten

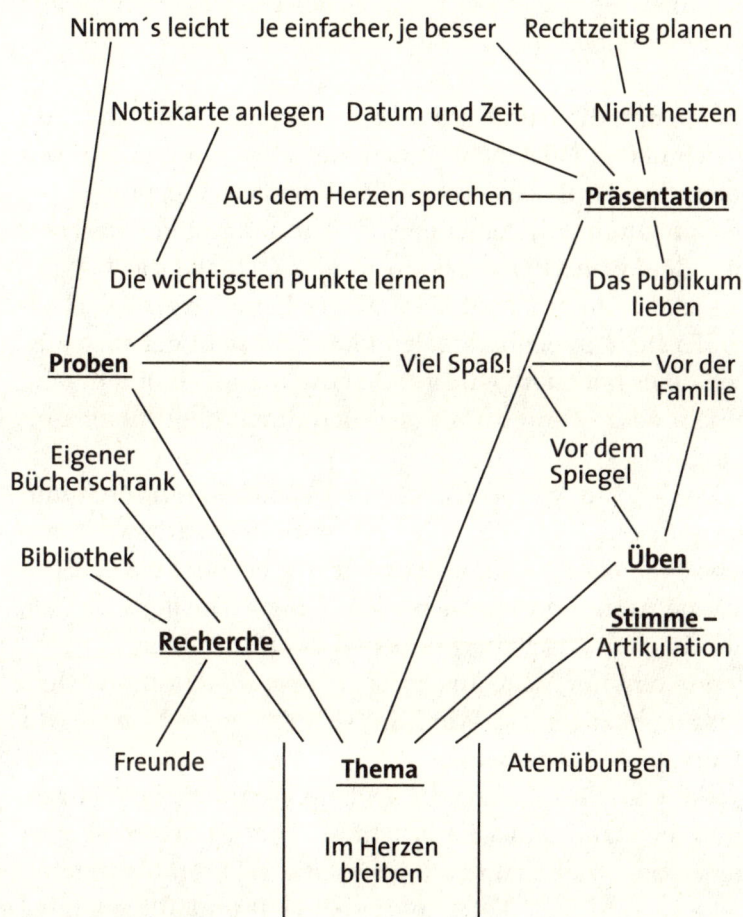

Nimm´s leicht   Je einfacher, je besser   Rechtzeitig planen

Notizkarte anlegen   Datum und Zeit   Nicht hetzen

Aus dem Herzen sprechen —— **Präsentation**

Die wichtigsten Punkte lernen   Das Publikum lieben

Proben ———— Viel Spaß! ———— Vor der Familie

Eigener Bücherschrank   Vor dem Spiegel

Bibliothek   **Üben**

Recherche   **Stimme –** Artikulation

Freunde   **Thema**   Atemübungen

Im Herzen bleiben

Persönlicher Zielplan

Dein Theater

Beginnen Sie wie in der Phantasiereise „Der Garten", Seite 45, beschrieben.

Entspanne dich und schließe die Augen. Atme tief und gleichmäßig. [Vielleicht atmen Sie selbst ein paarmal mit Ihrem Kind mit. Das vertieft den Entspannungsprozeß.]

Nun komm mit deiner ganzen Aufmerksamkeit ins Herz und denke an etwas, das du liebst... Genieße das Gefühl, das jetzt in dir aufsteigt... Vor dir erscheint ein großes Theater. Es steht an einem idealen Platz und sieht genauso aus, wie du es haben möchtest... Geh durch den Haupteingang hinein oder, wenn du magst, auch durch den Bühneneingang.

Das Theater gehört dir. Geh ein Weilchen hindurch und erkunde es... Vielleicht fallen dir bestimmte Farben, Geräusche oder Gerüche auf... Ist es warm oder eher kühl? ... Spüre, wie ruhig und friedlich es in deinem Theater ist... Geh nun in den Zuschauerraum und such dir einen Platz irgendwo in der Mitte aus. Streiche über den Stoff, mit dem der Sitz bezogen ist. Wie fühlt sich das an?... Mach es dir dann auf dem Sitz bequem...

Auf dem Stuhl neben dir liegt ein Programmheft. Nimm es in die Hand und schau es dir an. Hier ist dein Ziel ganz genau beschrieben und auf ganzseitigen Farbfotos abgebildet... Es sind viele Fotos in diesem Heft und auf jedem ist dein Ziel auf eine andere Weise dargestellt. Schau dir die Broschüre ganz genau an. [Lange Pause]

Plötzlich hörst du ein Geräusch und schaust auf. Der Regisseur tritt aus den Seitenvorhängen auf die Bühne. Es ist dein Regisseur und deswegen kann es jeder sein, den du magst... Dein Regisseur fängt an zu reden. Er spricht über Proben und darüber, was zu tun ist, damit du dein Ziel erreichen kannst... Hör ihm gut zu! ... [Pause]

Nun verläßt der Regisseur die Bühne und das Licht geht aus. Ein großer Scheinwerfer ist auf die Bühne gerichtet. In seinem Licht stehst du selbst! ... Dein Stück beginnt. Du kannst mit eigenen Augen zusehen, wie sich dein Ziel verwirklicht. Schau zu und genieße es! ... [Pause]

Nun ist dein Stück zu Ende und der Vorhang fällt. Du dankst deinem Regisseur und den Schauspielern und verabschiedest dich von ihnen in dem Wissen, daß sie immer für dich da sind, wenn du sie brauchst. Und dann dankst du auch noch deinem Theater und verläßt es in dem Wissen, daß du dein Ziel erreichen kannst... Kehre nun mit deiner Aufmerksamkeit in dein Herz zurück. Nimm etwas von der Liebe, die in dir ist, und schicke sie all den Menschen, die in deinem Stück eine Rolle gespielt haben. Stell dir vor, wie ein Strom der Liebe aus deinem Herzen in das ihre fließt. Und sieh zu, wie er noch stärker zu dir zurückkommt, als du ihn ausgeschickt hast. Spüre nach, was für ein gutes Gefühl dir das gibt. Spüre, wie die Herzensliebe dich vom Kopf bis zu den Zehenspitzen erfüllt. Spüre, wie die Energie in deinem Körper fließt ... und wenn du bereit dazu bist, öffne die Augen.

Sie können die Wirkung dieser Phantasiereise noch verstärken, indem Sie Ihr Kind später bei jedem Schritt in Richtung auf sein Ziel bitten, sich noch einmal vorzustellen, was es in seinem Theater gesehen hat. Damit holt es das Gefühl zurück, das es während dieser Phantasiereise hatte.

Vierter Schritt –
Selbstverwirklichung, Achtung
und Wertschätzung

Vor kurzem wurde in einer wissenschaftlichen Studie untersucht, welche Auswirkungen Wertschätzung, Achtung, Liebe, Fürsorglichkeit, Mitgefühl, Vergebung, Humor und so weiter haben. Dabei ergab sich eine starke Verbindung zwischen der Ebene und Frequenz dieser Gefühle und unseren Selbstheilungskräften sowie unserer Fähigkeit zum positiven Umgang mit Streß. Die körperlichen Auswirkungen der verschiedenen mit Liebe assoziierten Gefühle erwiesen sich als unterschiedlich stark. Bei der statistischen Bewertung der jeweiligen Einflußkraft ergab sich, daß von all den Gefühlen und damit einhergehenden Gedanken die Wertschätzung und Achtung mit am stärksten ist und sich am positivsten auf den Körper auswirkt.

Die Möglichkeit der Selbstverwirklichung – die wohl jeder von uns seinen Kindern geben möchte und die zur Entfaltung eines dauerhaften Selbstvertrauens unabdingbar ist – besteht nur dann, wenn wir Wertschätzung empfinden und Achtung haben: Achtung vor allem, was uns begegnet, Achtung vor uns selbst, Achtung vor unserer Position in der Gesellschaft, Achtung vor unseren persönlichen Errungenschaften und Achtung vor allem, was uns der Selbstverwirklichung näherbringt.

Nachdem nun sogar wissenschaftlich bewiesen ist, wie wichtig Wertschätzung und Achtung in unser aller Leben sind, liegt auf der Hand, welches das größte Geschenk ist, das wir unseren Kindern mit auf den Weg geben können: das Verständnis und die Erfahrung von aufrichtiger Wertschätzung und Achtung (im Gegensatz zu der Aufforderung, dankbar zu sein).

Der Steinmetz

Es war einmal ein Steinmetz, der lebte vor vielen, vielen Jahren in China. Er war ein übellauniger, verbitterter Mann und beklagte sich ständig über sein Schicksal.

Nun begab es sich, daß er eines Tages am Haus eines wohlhabenden Kaufmanns vorbeikam und in gewohnter Manier mißmutig vor sich hin grummelte: „Was für ein großartiger, mächtiger Mann das ist. Ich wünschte, ich wäre wie er. Dann müßte ich nicht tagein, tagaus Steine behauen."

Da stellte er zu seinem größten Erstaunen fest, daß er mir nichts dir nichts in die Haut des wohlhabenden Kaufmanns geschlüpft war. Er war auf einmal mächtig, reich und von Luxus umgeben. Eines Tages saß er in seinem weichen Sessel und blickte zum Himmel hinauf. Als er die Sonne so unbeirrt von allem Treiben auf Erden am Firmament stehen sah, dachte er bei sich: „Wie stolz die Sonne ist! Wenn ich nur an ihrer Stelle sein könnte, dann könnte mich sicher nichts aus der Ruhe bringen und ich wäre genauso gelassen und zufrieden wie sie."

Und schwups – noch im gleichen Augenblick war der Mann zur Sonne geworden und sandte seine hellen Strahlen über das Land. Doch schon bald schob sich eine große dunkle Wolke zwischen ihn und die Erde, so daß seine

Strahlen den Boden nicht mehr erreichten. „Wie mächtig diese Wolke ist", dachte er. „Wenn ich nur diese Wolke wäre. Dann könnte sich mir nichts und niemand mehr in den Weg stellen!"

Und sogleich war er eine dicke Regenwolke. Es machte ihm großen Spaß, das ganze Land unter Wasser zu setzen. Doch eines Tages kam ein Sturm auf, der ihn mal hierhin, mal dorthin jagte. „Wie stark dieser Sturm ist", dachte er. „Wenn ich nur der Sturm wäre. Dann könnte ich wirklich machen, was ich will!"

Wie stark er auch wehen mochte...

Schon ward er zum Sturm. Er heulte und wütete und wirbelte alles durcheinander. Eines Tages aber stand ihm etwas im Weg, das er, wie stark er auch wehen mochte, einfach nicht wegpusten konnte. Es war ein riesiger Felsen. „Wie fest dieser Felsen ist", dachte er. „Wenn ich nur dieser Felsen wäre. Dann könnte nichts und niemand mich von meinem Platz bewegen!"

Mir nichts, dir nichts ward er zu einem riesigen Felsen. Er fühlte sich sehr stark und absolut unverrückbar. Plötzlich hörte er ein Klopfen. Es war das Klopf, Klopf, Klopf eines Hammers, der auf einen Meißel schlug. Da merkte er, daß ihm jemand zu Leibe rückte. „Wie kann es etwas geben, das stärker ist als ein riesiger Felsen?" fragte er sich und wandte seinen Blick zu der Stelle, von der das Geräusch kam. Und dort, ganz unten am Fuße des Felsens, sah er einem Mann mit Hammer und Meißel in der Hand, der an ihm klopfte und hämmerte.

Es war ein Steinmetz.

Die junge Eiche

Es waren einmal zwei Eichen. Sie standen beide auf einer Wiese irgendwo in England. Die alte Eiche hatte schon viele Jahre dort verbracht, während die junge noch ganz klein und schwach war.

Die junge Eiche war alles andere als glücklich. „O bitte, alte Eiche", rief sie mit Tränen in den Augen. „Hilf mir, damit ich meine Wurzeln nicht noch tiefer in die Erde treiben muß. Es ist so naß und kalt in der Erde und dauernd stoße ich mich an Felsen!"

„Na, na", entgegnete die alte Eiche. „Schon bald kommt der Frühling und mit ihm die Frühlingswinde. Dann kommt der Sommer und mit ihm die Sommerstürme. Deine Wurzeln müssen stark sein, damit du nicht umfällst. Und sie müssen tief in die Erde hineinreichen, um Nährstoffe zu finden, damit dein Stamm, deine Äste und deine Blätter stark werden."

„Also gut", seufzte die junge Eiche.

„Hab Geduld", ermunterte sie die alte Eiche. „Du wirst staunen, wie groß und stark du bis zum nächsten Frühjahr geworden bist."

Und so schob die junge Eiche ihre Wurzeln immer tiefer und tiefer in den Boden, bis es schließlich Frühling wurde. Und als die junge Eiche eines morgens im hellen Sonnenschein ihren Blick über ihre Äste schweifen ließ, stellte sie erstaunt fest, daß sie über und über mit prallen grünen Knospen besetzt waren. Das fand sie einfach herrlich! Sie war so stolz und fühlte sich so schön ... bis die Knospen eines Tages aufzubrechen begannen. Da war sie völlig verzweifelt.

„Sieh dir meine Zweige mit all den schönen Knospen an. Sie brechen auf einmal alle auf! Was soll ich nur tun?" klagte sie.

„Na, na, junge Eiche", beruhigte sie die alte Eiche. „Hab keine Angst. Glaub mir, es geht nichts kaputt! Hab nur Geduld. Laß dich überraschen. Alles wird gut."

„Woher willst du das so genau wissen?" fragte die junge Eiche.

„Du mußt erst noch lernen, daß für alles, was du gehen läßt, etwas Besseres nachkommt."

Also vertraute die junge Eiche auf die Weisheit der alten und ließ die Knospen los. Und kaum hatte sie das getan, brachen überall an ihren Zweigen Hunderte von winzigen Blättchen hervor.

„Sieh mich an", rief die junge Eiche entzückt. „Ich bin ja noch schöner geworden! Du hattest wirklich recht."

Und als nach dem Frühling der Sommer kam, wurde die Eiche immer schöner und schöner. Viele Vogelfamilien bauten Nester in ihren Ästen und zwitscherten fröhlich. Die junge Eiche freute sich mit ihnen. Sie war froh, daß sie so stark und gesund war und so tiefe Wurzeln hatte und sie teilte ihr schönes Blattwerk gern mit anderen.

Eines Tages merkte sie, daß sich kleine braune Samen zu bilden begannen. Die alte Eiche erklärte ihr, daß dies Eicheln seien, und sie freute sich darüber. Als aber immer mehr davon abzufallen begannen und die junge Eiche auch noch merkte, daß sich ihre Blätter langsam verfärbten, gefiel ihr das überhaupt nicht.

„Alte Eiche", rief sie. „Was geschieht da mit mir? Meine Eicheln fallen ab und meine Blätter verfärben sich!"

„Denk daran, was ich dir im Frühling gesagt habe", erwiderte die alte Eiche. „Wann immer du etwas losläßt, kommt etwas Besseres nach. Wenn du dich von etwas trennst, gibst du es hin und schenkst es anderen. Die Eicheln, die du verlierst, werden von den Eichhörnchen als Vorrat für den Winter gesammelt. Ein paar davon werden auch in Erdspalten fallen. Und wenn es wieder Frühling wird, treiben sie aus und wachsen, genau wie du es getan hast!"

Die junge Eiche hörte schweigend zu.

„Und wenn der Herbst kommt", fuhr die alte Eiche fort, „leuchten deine Blätter in wunderschönem Orange, Gold und Rot. Im Winter schließlich fallen sie alle ab."

„Meine Blätter fallen ab?" rief die junge Eiche entsetzt. „Aber dann sehe ich doch ganz häßlich aus und kann nie so weise und alt werden wie du!"

„Natürlich kannst du das", hielt ihr die alte Eiche entgegen. „Gerade deshalb bin ich so weise und stark geworden."

Die junge Eiche war völlig verwirrt und glaubte, wohl nie verstehen zu können, was die alte Eiche da gesagt hatte. Doch mit der Zeit verstand sie sehr wohl. Sie sah zu, wie ihre Eicheln zu Boden fielen und die Eichhörnchen sie als Wintervorrat sammelten. Sie sah zu, wie sich ihre Blätter orange und gold und rot färbten und schließlich abfielen. Sie sah zu, wie Kinder in ihrem Laub spielten und lachten – und sie freute sich, weil sie ihnen etwas geschenkt hatte.

Als der Winter hereinbrach, war die junge Eiche noch immer so froh, daß sie sich gar nicht darüber grämte, eine Zeitlang häßlich zu sein. Schließlich würde bald der Frühling kommen. Darauf freute sie sich schon. Dann würde sie noch tiefere Wurzeln haben, ihre Äste würden noch höher reichen, die Blätter würden noch größer sein, der Stamm noch dicker und sie selbst älter und weiser ... genau wie die alte Eiche.

Hunderte von Blättchen brachen hervor

Collage

Das wird gebraucht: ein großer Bogen Papier, Fotos, Bilder
aus Zeitschriften, Schere und Klebstoff

Jeder sucht sich die Bilder heraus, die ihm gefallen und
die ihm helfen, ins Herz zu gehen. Die Bilder werden ausgeschnitten und als Collage auf den Bogen Papier geklebt.
Das fertige Bild wird an einer gut sichtbaren Stelle aufgehängt, an der man oft vorbeikommt. Es soll daran erinnern,
im Herzen zu bleiben und sich und der Welt gegenüber
Achtung zu empfinden.

Jeder kann für sich allein ein solches Bild zusammen-
stellen. Oder alle zusammen machen eine Familien-Colla-
ge, die dann zum Beispiel in der Küche aufgehängt wird.

Hundert Segnungen

Das wird gebraucht: Papier und Stifte

Jedes Familienmitglied braucht ein Blatt Papier und
einen Stift. Im Laufe des Tages, oder auch über mehrere Tage hinweg, schreibt jeder hundert Dinge auf, die ihm in seinem Leben besonders gefallen. Eines davon stellt er bei der
nächsten gemeinsamen Mahlzeit vor. So haben Sie mehrere
hundert Tage lang positiven Gesprächsstoff. (Wenn Sie die
Liste ständig ergänzen, wird er Ihnen nie ausgehen!)

Geschenk

Das wird gebraucht: Papier und Buntstifte

Es werden Zweiergruppen gebildet. Jeder malt etwas, das er seinem Partner gern schenken würde. Wenn alle mit dem Malen fertig sind, werden die Zeichnungen ausgetauscht und man darf raten, warum der Partner einem ausgerechnet dieses Geschenk machen möchte. Anschließend werden die Ergebnisse mit der ganzen Familie besprochen.

Post aus dem Herzen

Wie bei allen Phantasiereisen ist es wichtig, daß Sie und Ihr Kind/Ihre Kinder in einer ruhigen und entspannten körperlichen und seelischen Verfassung sind. Lesen Sie den nachstehenden Text langsam und deutlich und machen Sie viele Pausen.

Schließe die Augen und atme ein paarmal tief ein und aus, bis du ganz entspannt bist... Nun komm mit deiner Aufmerksamkeit in dein Herz. Spüre, wie die Energie aus deinen Füßen und Beinen langsam zum Herzen hin strömt... Und nun strömt die Energie aus deinen Hüften und aus deinem Bauch zum Herzen hin... Und nun strömt die Energie aus deinen Händen, Armen und Schultern zum Herzen hin ... Und jetzt fließt die Energie aus deinem Kopf, deinem Gesicht und deiner Brust zum Herzen hin, bis dein Körper ganz entspannt und all deine Energie im Herzen ist. Stell dir nun vor, wie du die Energie durch dein Herz ein- und ausatmest... [Pause]

Und während du so atmest, denkst du an jemanden, den du wirklich magst und dem deine ganze Achtung gilt. Schicke diesem Menschen nun all die Liebe, die du in deinem Herzen trägst. Sieh zu, wie die Liebe und Achtung aus deinem Herzen strömt und diesen Menschen ganz erfüllt. Schicke ihm einen beständigen Strom von Liebe und Achtung und sieh zu, wie er noch stärker zu dir zurückkommt, als du ihn ausgesandt hast.

Spüre, wie du selbst dich mit Liebe erfüllst. Und nun danke dir selbst dafür, daß du so viel Liebe und Achtung empfinden kannst. Danke deinem Körper und deinem Verstand, daß sie so gut funktionieren. Spüre, wie die Achtung und Liebe für dich selbst in jeden Teil deines Körpers einströmen, bis du ganz mit liebevoller Energie erfüllt bist... Fühle diese Energie vom Kopf bis zu den Zehenspitzen... Wenn du bereit dazu bist, öffne die Augen wieder.

7

Fünfter Schritt –
Familien- und Partnerschaftsdynamik

Die Familiendynamik spielt eine entscheidende Rolle in der Art, wie wir unsere Beziehung zu uns selbst und anderen erleben. Sie bildet gemeinsam mit unseren Beziehungen und Wertvorstellungen das Herzstück unseres Selbstbildes und bestimmt unsere Interaktion mit anderen. Die Vorstellungen von dem, was Familie ist, haben sich allerdings drastisch verändert und unsere Kinder erleben Familie ganz anders als wir sie damals erlebt haben.

Familienstrukturen haben sich gewandelt. Jüngsten Statistiken zufolge leben in den Vereinigten Staaten 6,6 Millionen Kinder mit nur einem Elternteil und 7,6 Millionen mit Stiefeltern zusammen. Die Zeit ist zu einem raren Gut geworden. 61 Prozent aller Kinder leben in Familien, in denen beide Eltern berufstätig sind (bis zum Jahr 2000 werden es 80 Prozent sein) und in den Vereinigten Staaten führen über 20 Prozent aller Kinder im Alter von sechs bis zwölf Jahren mit ihren Eltern nicht ein einziges zehnminütiges Gespräch im Monat. Familienwerte sind immer schwerer aufrechtzuerhalten und oft können sie nicht einmal vermittelt werden.

Wir Erwachsenen sind oft so stark mit unseren sozialen, beruflichen oder politischen Aufgaben beschäftigt, daß uns kaum noch Zeit bleibt, um uns ausreichend in unserer eigenen Familie zu engagieren. Unsere Kinder sind jedoch wesentlich mehr an Angelegenheiten ihrer eigenen Familie interessiert als an solchen des Mittleren Ostens, der Nation oder auch nur des Stadtteils. Der Einzelne und die Familie sind in vielerlei Hinsicht ein mikrokosmisches Abbild der Gesellschaft. Daher kann es für das Gemeinwohl nur von Vorteil sein, wenn wir mehr Zeit und Aufmerksamkeit darauf verwenden, kreative und gewaltfreie Kommunikations- und Problemlösungsmöglichkeiten innerhalb der eigenen Familie zu finden.

Wenn es uns gelingt, in der Familie Wege zur Vermeidung von verbaler und physischer Gewalt, Erniedrigung und verletzender Interaktion zu finden und kreative, auf Liebe basierende Alternativen zu entwickeln, leisten wir einen wertvollen Beitrag für die gegenwärtigen und künftigen Beziehungen unserer Kinder und der Gesellschaft im allgemeinen.

Für das folgende Märchen wurde ganz bewußt ein offenes Ende gewählt. Setzen Sie sich mit Ihrer Familie zusammen, um zu überlegen, wie es ausgehen könnte. Vielleicht mag jeder für sich allein oder gemeinsam mit den anderen aufschreiben, wie es weitergehen kann. Tauschen Sie sich aus und arbeiten Sie mit den Fragen, die am Ende des Märchens aufgeführt sind.

Der schöne, große Palast

Es war einmal ein König, der baute einen großen und schönen Palast. Er hatte vier Kinder, die alle gemeinsam in dem Palast wohnen sollten. Der erste Bruder zog in die Räume im Obergeschoß ein. Die erste Schwester zog in die Räume im Erdgeschoß ein. Und kaum hatten sie sich eingerichtet, begannen sie auch schon zu streiten, denn ein jeder von ihnen wollte den ganzen Palast für sich allein haben. Als schließlich der zweite Bruder und die zweite Schwester ankamen, gab es im ganzen Palast kein einziges Zimmer mehr, in das sie hätten einziehen können.

„Da ich ein herzensguter Mensch bin", sagte der erste Bruder zum zweiten, „werde ich dir einen meiner eigenen Räume zur Verfügung stellen. Dafür mußt du aber alle Feldarbeit für mich verrichten und für Nahrung sorgen."

„Auch ich bin ein herzensguter Mensch", meinte die erste Schwester zur zweiten, „und werde dir eines meiner Privatgemächer überlassen, wenn du dafür kochst, wäschst und putzt."

Natürlich gaben sie den beiden die kleinsten und ungemütlichsten Zimmer, die in dem großen, schönen Palast zu finden waren. Dem zweiten Bruder und der zweiten Schwester blieb nichts anderes übrig, als das Angebot anzunehmen, denn schließlich brauchten Sie wenigstens ein Dach über dem Kopf. Also arbeiteten sie von früh bis spät, bestellten die Felder und kochten und wuschen und putzten. Sie wußten beide, daß ihr Vater es anders gewollt hatte, als er den großen, schönen Palast baute, denn er hatte alle seine Kinder gleich lieb. Doch die schwere Arbeit machte sie so müde, daß sie nicht mehr die Kraft fanden, sich über ihre Geschwister zu beschweren.

Als der erste Bruder bemerkte, wie der zweite vor lauter Arbeit krank wurde, sagte er: „Ich werde dir Arzneien besorgen, damit du wieder gesund wirst. Wenn Vater erfährt, wie gut ich für dich sorge, wird er sicher stolz auf mich sein."

Als die erste Schwester bemerkte, wie die zweite fror, weil ihre Kleider schon ganz dünn und zerlumpt waren, sagte sie:

„Ich werde dir den alten schwarzen Mantel geben, der mir zu eng geworden ist. Wenn Vater erfährt, wie gut ich auf dich achte, wird er sicher stolz auf mich sein."

Eines Tages aber stand der König vor dem Tor des Palastes, um seinen Kindern einen Besuch abzustatten…

Der große, schöne Palast

Bevor Sie sich ein (oder mehrere) Ende(n) für das Märchen ausdenken, können Sie sich folgende Fragen stellen:

Bin ich selbst schon einmal unfair behandelt worden?

Wie habe ich mich dabei gefühlt?

Wie fair sind Geschwister?

Weiß ein unfairer Mensch eigentlich, wie unfair er ist?
Und wenn nicht, warum nicht?
Kenne ich jemanden, der unfair behandelt wird?
Was kann getan werden, um das zu ändern?

Eltern, aufgepaßt!

Erzählen Sie ein Märchen über Ihre eigene Kindheit. Fangen Sie nach Möglichkeit mit etwas Lustigem oder Humorvollem an. Versuchen Sie nicht, die anderen mit Ihrem Märchen zu belehren. Zweck der Übung ist, Ihren Kindern einen stärkeren Familiensinn zu geben und die Möglichkeit, sich mit Ihnen als Person enger verbunden zu fühlen.

Das Redeholz

Das wird gebraucht: ein Stab als Redeholz, am besten ein glattes Rundholz, das gut in der Hand liegt

Setzen Sie sich mit Ihrer Familie im Kreis hin. Einer hält das Redeholz in der Hand und sagt: „Was ich an meiner Familie gut finde, ist …" oder „Diese Woche ist in meiner Familie etwas Nettes passiert, und zwar …" oder „Einmal habe ich mit meiner Familie besonderen Spaß gehabt, nämlich als …"

Wer mit seiner Rede fertig ist, gibt das Holz an seinen Nachbarn zur Linken weiter, bis es einmal im Kreise herumgegangen ist und jeder etwas Gutes gesagt hat.

Das Spiel heißt Redeholz, weil nur der sprechen darf, der das Holz in der Hand hält.

Man kann das Spiel auch erweitern und das Holz ein zweites Mal kreisen lassen. Nun sagt jeder, was ihn in der letzten Woche gestört oder geärgert hat. Dabei sind folgende Regeln zu beachten:

• Der Redner darf nicht unterbrochen werden.
• Der Redner darf das Wort Du nicht verwenden.
• Keiner reagiert auf das, was ein anderer sagt.

Bei diesem Spiel geht es lediglich darum, bestimmte Punkte anzusprechen und sich mitzuteilen.

Wenn das Redeholz einmal ganz herumgegangen ist, kann man eine weitere Runde anschließen, in der jeder sagt: „Ich würde mich besser fühlen, wenn ich … täte" oder „Der Familie würde es guttun, wenn ich … täte."

Diese Spiel bietet eine gute Möglichkeit, Konflikte zu lösen. Es ist allerdings unbedingt darauf zu achten, daß immer nur der spricht, der gerade das Holz in der Hand hält. Es kann auch empfehlenswert sein, die Redezeit zu begrenzen. Wenn ein Familienmitglied nichts sagen möchte, ist das auch in Ordnung. Es sagt dann einfach „Ich passe" und gibt das Holz weiter.

Von Herz zu Herz

Wenn es jemanden gibt, dem Sie helfen möchten, oder wenn Sie mit jemandem ein Problem haben und nicht so recht wissen, wie Sie es lösen sollen, kann diese Phantasiereise Ihnen beiden helfen, sich wieder besser zu fühlen.

Setzen Sie sich nebeneinander oder einander gegenüber hin. Es empfiehlt sich, den nachstehenden Text auf Kassette aufzunehmen und dann abzuspielen.

Schließe die Augen und entspanne dich. Während dein Atem immer ruhiger wird, stellst du dir vor, wie dein Körper immer tiefer in den Boden einsinkt, bis du schließlich völlig entspannt bist. Geh nun mit deiner Aufmerksamkeit in dein Herz. Spüre den Rhythmus deines Herzschlags. Hör gut hin und schau, ob es irgendwo tief in deinem Inneren eine Stelle gibt, an der du ganz ruhig und still bist. Denke an etwas, das dir ein Gefühl von Frieden gibt... [Pause]

Spüre den Frieden in deinem Herzen. Halte dieses Gefühl in deinem Herzen fest... Und nun schicke deinem Partner etwas von diesem Frieden. Stell dir vor, wie du ihm diesen Frieden und diese Stille aus deinem Herzen schickst und wie er dabei immer ruhiger und zufriedener wird... [Pause]

Nun spüre nach, ob du etwas von der Dankbarkeit fühlst, die der andere dir für dieses friedliche Gefühl entgegenbringt. Bleib bei diesem Gefühl des Friedens in deinem Herzen und schicke es deinem Partner... Und nun hülle dich selbst in diesen Frieden ein und erfülle den Raum damit, bevor du die Augen wieder öffnest.

Mit dem Herzen zuhören

Es werden Paare gebildet, die sich jeweils gegenübersitzen. Schließen Sie einen Moment die Augen und konzentrieren Sie Ihre Aufmerksamkeit auf Ihr Herz und etwas, das Ihnen ein Gefühl von Liebe, Frieden oder Wertschätzung und Achtung vermittelt. Bleiben Sie eine Weile dabei. Öffnen Sie dann die Augen und versuchen Sie, das Gefühl in Ihrem Herzen aufrechtzuerhalten. (Eine sanfte Musik, die Sie alle mögen, kann dabei hilfreich sein.) Dann sagt jeweils einer aus dem Zweierteam zu seinem Partner:

Ich bitte dich, drei Minuten lang über etwas zu sprechen, das dir am Herzen liegt. Ich verspreche dir, dabei im Herzen zu bleiben und dir aufmerksam mit dem Herzen zuzuhören. Außerdem verspreche ich dir, das, was du sagst, nicht zu kommentieren, sondern dir am Ende nur eine Zusammenfassung deiner Worte zu geben. Und ich verspreche dir, das Thema in nächster Zeit [d.h. in der nächsten Woche] nicht anzusprechen, wenn du mich nicht ausdrücklich darum bittest.

Wenn die Übung erfolgreich verlaufen soll, muß der Zuhörer innerlich zu seinen Versprechen stehen, denn nur so kann er wirklich zuhören, ohne daß ihm seine eigenen Pläne oder Gedanken dauernd „dazwischenfunken". Der Redner bekommt dadurch das Gefühl, daß ihm der andere wirklich zuhört, und findet die Lösung für bestimmte Probleme oder Konflikte oft ganz allein, ohne daß es der weiteren Diskussion oder Anregung von außen bedarf.

Der Zuhörer gibt am Ende eine Zusammenfassung des Gesagten. Dadurch vermittelt er dem Redner das Gefühl, wirklich gehört worden zu sein.

Je öfter Sie diese Übung aus dem Herzen heraus machen, desto müheloser und effizienter ist sie.

Sechster Schritt -
Für sich selbst und andere sorgen

Dieses Kapitel ist eine Fortführung des vorangegangenen und geht davon aus, daß die Gemeinschaft, in der wir leben, im Idealfall eine erweiterte Familie ist, die ein tragfähiges Fundament für uns und unsere Familie bildet. Gemeinschaft in diesem Sinne, das ist die Verwandtschaft und der Freundeskreis, das sind die Klassenkameraden unserer Kinder und deren Schule, das sind unsere Kollegen, die Nachbarschaft und schließlich auch die Stadt, in der wir leben. Auf Hawaii gibt es ein eigenes Wort für diese erweiterte Familie und das Gefühl, das sie vermittelt: Ohana.

Ein ausgeprägter Gemeinschaftssinn und das damit einhergehende Gefühl von Ohana vermittelt dem Kind Geborgenheit und versetzt es in die Lage, seine individuellen Talente und Fähigkeiten auf selbstbewußte und liebevolle Weise in die Gemeinschaft einzubringen. Meiner Ansicht nach muß ihm in einer Gesellschaft der Zukunft sehr viel mehr Bedeutung beigemessen werden, als dies heute der Fall ist.

Die Botschaft des Engels

Es war einmal ein kleines Dorf, dessen Bewohner in ständigem Unfrieden miteinander lebten. Es verging kein Tag, an dem nicht genörgelt, gestritten und geschimpft wurde.

Schließlich war es selbst der Gutmütigste leid und erwog, ganz von hier fortzuziehen.

Eines Tages erschien dem Priester des Ortes im Traum ein Engel. Seine Botschaft war ganz kurz und lautete: „Einer von euch ist der Erlöser!"

Am nächsten Morgen erzählte der Priester den anderen von seiner Vision – und von da an wurde alles anders.

Wann immer einer der Dorfbewohner mit einem anderen sprach, dachte er: „Vielleicht ist er der Erlöser." Auf einmal gingen sie liebevoll miteinander um, achteten sich gegenseitig und sorgten füreinander. Und wenn die Dorfbewohner morgens aufstanden und sich im Spiegel anschauten, dachten sie: „Vielleicht bin ich es. Vielleicht bin ich ja der Erlöser!" Und so gingen sie auch mit sich selbst viel liebevoller um, achteten sich und sorgten gut für sich.

Auf einmal gingen sie liebevoll miteinander um

Und als dies geschah, wendete sich das Blatt. Die Dorfbewohner hörten auf zu nörgeln, zu streiten und zu schimpfen,
und ihre Gemeinschaft bekam schon bald Zuwachs. Von nah
und fern zog es Menschen in dieses Dorf, das als ein Ort der
Liebe, der Fürsorglichkeit und der Achtung galt. So kam es,
daß ein Dorf, das kurz vor dem Aus gestanden hatte, auf einmal eine regelrechte Blüte erlebte.

Eßstäbchen

Es war einmal eine Frau, die sich ihr Leben lang darum
bemüht hatte, Gutes zu tun. Als sie auf dem Totenbett lag,
erschien ihr ein Engel und sagte: „Als Belohnung für all deine guten Taten hast du einen Wunsch frei." Und so wünschte sie sich, vor ihrem Tod sowohl dem Himmel als auch der
Hölle einen Besuch abstatten zu dürfen. Ihr Wunsch wurde
erfüllt.

Im selben Augenblick fand sie sich in einem großen Festsaal wieder. Die Tische bogen sich unter allen erdenklichen
Köstlichkeiten. Doch die Menschen, die an den Tischen
saßen, sahen elend aus und waren bis auf die Knochen abgemagert.

„Warum sehen die Menschen so schrecklich aus?" fragte
die Frau den Engel.

„Sieh dir ihre Arme an", antwortete der Engel.

Und sie sah, daß an ihren Unterarmen, kurz unterhalb
der Ellenbogen Eßstäbchen festgebunden waren. Die aber
waren so lang, daß die Menschen ihren Mund damit nicht
erreichen konnten. Daher waren sie hungrig, verbittert und
abgemagert.

„Das sind ja echte Höllenqualen!" rief die Frau. „Bring mich weg von hier!" Und sogleich war sie im Himmel.

Wieder kam sie in einen großen Festsaal, in dem sich die Tische unter allen erdenklichen Köstlichkeiten bogen. Doch hier saßen zufriedene und fröhliche Menschen.

„Die haben wohl keine Eßstäbchen", meinte sie.

„O doch", erwiderte der Engel. „Sie sind genauso lang und genau wie in der Hölle kurz unterhalb der Ellbogen befestigt. Schau genau hin!"

Die Frau betrachtete die fröhliche Schar genauer. „Hier", fuhr der Engel fort, „haben die Menschen gelernt, sich gegenseitig zu füttern."

Drei sind ein Team

Das wird gebraucht: ein Marshmallow, ein Bonbon oder ein Stück Trockenobst und ein Stück Schnur

Binden Sie die Leckerei an der Schnur fest und hängen Sie sie an der Decke auf. Achten Sie darauf, daß sie etwa dreißig Zentimeter über dem Kopf des größten Mitspielers hängt. Wählen Sie drei Mitspieler aus. Sie bekommen die Süßigkeit als Preis, wenn es ihnen gelingt, sie herunterzuholen, ohne sie selbst oder die Schnur mit der Hand zu berühren.

Die drei werden bald herausfinden, daß sie es nur schaffen, wenn zwei von ihnen den dritten hochheben und dieser die Süßigkeit abbeißt. Und hat er sie erst einmal zwischen den Zähnen, bleibt ihm kaum etwas anderes übrig, als sie aufzuessen!

Sprechen Sie in der Gruppe darüber, welche Lektion daraus abzuleiten ist.

Wenn ich eine Farbe wäre...

Das wird gebraucht: Papier und Stifte

Jeder bekommt ein Blatt Papier mit dem nachfolgenden Lückentext zum Ausfüllen. Anschließend können Sie sich darüber austauschen, warum der eine dies und der andere das geschrieben hat, und was jeder bei seinen eigenen Lösungen und den Lösungen der anderen empfindet. Benutzen Sie das Redeholz (Seite 97), um sicherzustellen, daß alle gleichermaßen zu Wort kommen.

Wenn ich eine Farbe wäre, dann wäre ich …
Wenn ich ein Tier wäre, dann wäre ich ein(e) …
Wenn ich ein Fisch wäre, dann wäre ich ein(e) …
Wenn ich ein Vogel wäre, dann wäre ich ein(e) …
Wenn ich ein Gemüse wäre, dann wäre ich ein(e) …
Wenn ich eine Frucht wäre, dann wäre ich ein(e) …
Wenn ich ein Baum wäre, dann wäre ich ein(e) …
Wenn ich eine Stadt wäre, dann wäre ich …
Wenn ich ein Land wäre, dann wäre ich …
Wenn ich ein Tanz wäre, dann wäre ich …
Wenn ich ein Instrument wäre, dann wäre ich ein(e) …

Wie sieht die Zukunft aus?

Besprechen Sie vor der Phantasiereise mit Ihren Familienmitgliedern, was das Wort Gemeinschaft bedeutet. Wie gestaltet sich die Gemeinschaft (die Verwandtschaft, der Freundeskreis, die Klassenkameraden, die Schule, die Nachbarschaft oder die Stadt) aus der Sicht Ihrer Familie?

Jeder sollte sich einen Punkt aussuchen, der ihm an der Gemeinschaft gefällt und der ihm hilft, im Herzen zu sein.

Beginnen Sie dann mit der Phantasiereise. Wenn Sie den Text zuvor auf Kassette aufnehmen, können Sie selbst auch mitmachen. Beachten Sie auch die Hinweise zu früheren Phantasiereisen (Seite 45).

Stell dir vor, daß du jetzt an einem Ort bist, an dem du dich wohl und geborgen fühlst. Welcher Ort das ist, bleibt ganz dir überlassen. Was siehst du? Was fühlst du? ...

Während du so in dich hineinspürst, taucht in der Ferne ein Weg vor dir auf, der zwischen Feldern hindurch einen Hügel hinaufführt. Du gehst diesen Weg entlang. Die Sonne scheint und du hörst das Gezwitscher der Vögel und das Summen der Insekten. Die Sonnenstrahlen spielen in den Blättern und Zweigen der Bäume am Wegesrand und werfen ein Muster aus Licht und Schatten vor dir auf den Boden. Du gehst weiter, bis du schließlich zu einem Schild kommst, auf dem steht: GEMEINSCHAFT DER ZUKUNFT.

Du bleibst weiter auf dem Pfad. Schließlich taucht in der Ferne ein Dorf auf. Du befindest dich jetzt im einundzwanzigsten Jahrhundert. Die Dorfgemeinschaft geht schon seit vielen Jahren den Weg der Liebe, des Friedens und des Herzens. Es ist eine ideale Gemeinschaft. Du beschließt, dem Dorf einen Besuch abzustatten.

Schau dir die Kinder, Frauen und Männer an, die hier gemeinsam leben und arbeiten. Was siehst du? ... Geh in eines der Häuser hinein. Was hörst du? ... Was riechst du? ... Und was siehst du jetzt? ... Faß das eine oder andere an. Sieh dir die Kinder an. Was machen sie? Kannst du ihre Gesichter sehen? Beobachte sie, wie sie sich in der Gemeinschaft bewegen. Schau dir alles genau an, damit du einen Eindruck vom Leben in dieser Gemeinschaft bekommst. Was empfindest du, wenn du das alles siehst? Was erscheint dir am wichtigsten von allem, was du hier siehst? …

Schau dich noch ein letztes Mal um, bevor du dich auf den Heimweg machst. Geh nun in dein Herz und spüre einen Moment lang deinen Atem … Bleibe im Herzen und konzentriere dich auf das Gefühl der Achtung und Wertschätzung … Wenn du bereit dazu bist, öffne die Augen.

Nach der Phantasiereise kann jeder aufschreiben oder malen, was er gesehen hat. Wenn Sie sich austauschen möchten, empfiehlt sich die Verwendung des Redeholzes (siehe Seite 97). Was sah während der Phantasiereise genauso aus wie in Wirklichkeit und was war anders? Wie kann ein jeder von Ihnen möglichst viel von dem verwirklichen, was er sich wünscht? Nehmen Sie sich ausreichend Zeit, um Ihre Bilder niederzuschreiben oder aufzumalen und diese – und alle möglichen anderen – Fragen zu beantworten. Je intensiver Sie sich mit Ihren Idealvorstellungen befassen, desto eher lassen sich diese realisieren!

9

Siebter Schritt –
Globales Bewußtsein

Gerade in unserer Zeit ist es wichtiger denn je, ein globales Bewußtsein zu schaffen und die Verantwortung für das Wohl unseres Planeten zu übernehmen. Die meisten Kinder sind sich dieser Tatsache bewußt und spüren, daß sie mit der gesamten Schöpfung verbunden und Teil eines größeren Ganzen sind.

Wenn der einzelne erst zu sich selbst gefunden und gelernt hat, für sich selbst zu sorgen und auf sich selbst zu vertrauen (und dabei auch den Wert der Familie und der Gemeinschaft schätzengelernt hat), wird er ganz automatisch das Bedürfnis haben, sich für das Wohl des Planeten und die Belange des Umweltschutzes zu engagieren.

Goldherz

Es war einmal ein Mann, der war so reich, daß alle Schatzkammern seines großen Palastes nicht reichten, um seine Schätze zu fassen. Seine Lieblingsbeschäftigung bestand darin, die Armen an seinen Reichtümern teilhaben zu lassen. Jeden Nachmittag schaffte er Körbe voller Lebensmittel, Kleidungsstücke und allerhand edler Dinge in den Garten seines Palastes, um sie zu verschenken. Und weil er so großzügig war, nannte man ihn überall im Land Goldherz.

Eines Tages hörte Gott Shakra von den guten Taten dieses Mannes und beschloß, ihn zu prüfen. „Es ist leicht für einen reichen Mann, großzügig zu sein", meinte er. „Mal sehen, ob er auch dann noch ein goldenes Herz hat, wenn er etwas von seinem Wohlstand verliert!"

Noch in derselben Nacht ließ Shakra alle Kunstgegenstände, Juwelen und schönen Kleider aus dem Palast verschwinden. Als Goldherz am nächsten Morgen erwachte, zeigte er sich völlig unbekümmert. Also beschloß Shakra, ihn noch härter zu prüfen. Als Goldherz tags darauf die Augen aufschlug, war sein Palast völlig leer. Alles was ihm blieb, war ein Seil, eine Sichel und das Nachthemd, das er trug.

Goldherz

Da nahm Goldherz das Seil und die Sichel und ging aufs Feld, um zu arbeiten. Den ganzen Tag lang schuftete er im Schweiße seines Angesichts, einzig von dem Gedanken beseelt, genug Geld zu verdienen, um es denen zu geben, die noch ärmer waren als er selbst.

Da erschien Gott Shakra vor ihm und sagte: „Warum behältst du dein Geld nicht und sparst es, damit du eines Tages wieder reich wirst? Es ist nicht verwerflich, alles für sich zu behalten, wenn man so wenig hat wie du."

Goldherz antwortete: „Wenn mich heute ein Armer um Hilfe bittet, kann ich ihn doch nicht vertrösten, bis ich wieder reich bin. Ich kann nicht aufhören zu geben, denn wenn ich gebe, habe ich genauso viel davon wie die Beschenkten!"

Da erkannte Gott Shakra, daß sein Herz wirklich aus Gold war, und gab ihm all seine Reichtümer zurück. Goldherz aber gab weiterhin alles, was er hatte, den Armen und den Kranken.

Der Banyan-Baum

In den Wäldern Indiens gibt es eine Baumart namens Banyan. Diese Bäume werden sehr groß und bieten vielen Tieren Lebensraum.

Es war einmal ein ganz besonders großer Banyan-Baum, der mitten im Wald stand und in dem viele verschiedene Tiere wohnten. Eines Tages kam ein Mann mit einer großen Axt des Weges. Er blieb stehen und sagte: „Was für ein riesiger Baum! Wenn ich ihn schlage und das Holz auf dem Markt verkaufe, verdiene ich so viel Geld, daß ich mir ein Stück Land kaufen und ein großes Haus darauf bauen kann.

Der Banyan-Baum

Ich kann Schafe und Ziegen anschaffen und mir eine Frau
suchen."

Als die Tiere das hörten, kamen sie eines nach dem anderen aus ihren Verstecken im Baum hervor. Als erste wagten
sich vier kleine Mäuse vor. Sie sagten zu dem Mann: „Bitte
fälle den Baum nicht. Wir leben unter seinen Wurzeln. Dort
fühlen wir uns wohl und geborgen."

Dann kamen ein paar Motten und Käfer daher, um mit
dem Mann zu reden. „Bitte fälle den Baum nicht", baten sie.
„Wir leben in seiner Rinde. Dort fühlen wir uns wohl und
geborgen."

Als nächstes schwirrte ein Schwarm Bienen herbei. „Bitte fälle den Baum nicht", summten sie. „Wir leben in seinem Stamm. Dort fühlen wir uns wohl und geborgen."

Dann sprangen ein paar Affen vor ihn hin. „Bitte fälle den Baum nicht", flehten sie. „Wir leben in seinen Ästen. Dort fühlen wir uns wohl und geborgen."

Und schließlich kamen die Vögel herbeigeflogen, um mit dem Mann zu reden. „Bitte fälle den Baum nicht", zwitscherten sie. „Wir leben in seinen Blättern. Dort fühlen wir uns wohl und geborgen."

Der Mann mit der Axt aber antwortete unwirsch: „Ich habe keine Zeit, um euch zuzuhören. Ich will den Baum fällen. Geht weg! Schschsch!"

Da wurden die Tiere wütend. Die Vögel stürzten auf den Mann herab und zerrten an seinen Haaren. „Au!" schrie er. „Hört auf! Das tut weh!" Aber die Axt ließ er nicht fallen. Da bewarfen ihn die Affen mit Früchten. Die Käfer und Motten flatterten ihm ins Gesicht. „Au!" schrie er. „Hört auf! Das tut weh!" Doch die Axt ließ er nicht los. Da stachen ihn die Bienen in die Hände. „Au!" schrie er. „Hört auf! Das tut weh!" Plötzlich bekam er es fürchterlich mit der Angst zu tun und rannte davon, so schnell ihn seine Beine tragen konnten.

Ein Tier allein hätte den Mann mit der Axt niemals in die Flucht schlagen können, aber gemeinsam hatten sie es geschafft. Und wenn sie nicht gestorben sind, leben die Tiere auch heute noch glücklich in dem großen Banyan-Baum.

Netzwerk

Das wird gebraucht: bunte Wolle oder Schnur, Papier, Klebstoff und Stifte

Alle Familienmitglieder sitzen im Kreis auf dem Boden, bis auf einen, der das Wollknäuel hält und am Rande des Kreises steht. Stellen Sie sich vor, Sie sollten einen neuen Planeten erschaffen. Was soll es dort geben? Beginnen Sie mit etwas aus der Natur, zum Beispiel mit „Bäumen". Wer das erste Stichwort gibt, bekommt das Ende der Schnur in die Hand. Lassen Sie sich andere Dinge einfallen, zum Beispiel „Gras" oder „Blumen". Wer das zweite Stichwort gibt, faßt die Schnur ein Stückweit vom Ende entfernt. Immer neue Dinge wie Pflanzen, Gemüse, Wasser, Boden, Tiere und so weiter werden genannt und mit jedem Beitrag verbindet die Schnur einen weiteren Mitspieler, bis schließlich alle miteinander verbunden sind. So entsteht das Netzwerk des Lebens.

Als nächstes wird deutlich gemacht, daß jeder einzelne für die Gemeinschaft wichtig ist. Dazu werden die Mitspieler einzeln aus dem Netz herausgelöst. Wenn zum Beispiel die Bäume gefällt werden, zerrt derjenige, der dieses Stichwort genannt hat, an der Schur. Wer dieses Zerren spürt, beginnt seinerseits zu ziehen – und wer dieses Ziehen wahrnimmt, zieht ebenfalls. Auf diese Weise wird deutlich, wie alles und jedes auf dem Planeten vom Fällen der Bäume in Mitleidenschaft gezogen wird.

Am Ende des Spiels tauschen Sie Ihre Gedanken und Erfahrungen aus. Dann gestaltet jeder auf einem Bogen Papier mit Wolle, Klebstoff und Stiften ein eigenes „Netzwerk des Lebens", wie er es sich auf seinem Planeten vorstellt.

Blätter

Das wird gebraucht: ein Stapel Blätter, die alle von demselben Baum stammen.

Jeder sucht sich ein Blatt aus, das ihm gefällt. Dann schaut er es sich ganz genau an, prägt sich seine Struktur ein, wiegt es in der Hand und findet heraus, was das Besondere an diesem Blatt ist. Anschließend werden alle Blätter in den Stapel zurückgelegt und alle Mitspieler schließen die Augen. Wenn die Blätter gemischt sind, dürfen alle wieder schauen und sich ihr Blatt aus dem Stapel heraussuchen.

Danach tauschen sich die Mitspieler über ihre Erfahrungen aus und überlegen gemeinsam, was man aus dieser Übung im Umgang mit den Menschen und allem Lebendigen auf der Erde lernen kann.

Die Erde

Lesen Sie sich die Hinweise für Phantasiereisen auf Seite 42 und Seite 45 durch, bevor Sie Ihrer Familie den folgenden Text anbieten.

Atme tief und gleichmäßig und schließe dann sanft die Augen. Spüre, wie sich deine Gesichtsmuskeln entspannen. Komm mit deiner ganzen Aufmerksamkeit in dein Herz und stell dir vor, wie du durch das Herz ein- und ausatmest. Konzentriere dich auf etwas, das dir wirklich gefällt – eine Blume, ein Schmusetier oder eine angenehme Erinnerung. Genieße das gute Gefühl, das dabei in dir aufsteigt.

Und während du so dasitzt, taucht auf einmal eine Pflanze vor dir auf. Sieh dir an, wie grün ihre Blätter sind. Wie fühlen sich ihre Blätter an? Und wie riecht sie? … Kehre mit deiner Aufmerksamkeit wieder in dein Herz und zu dem guten Gefühl zurück. Erfreue dich an der Pflanze und daran, wie schön sie ist. Genieße das Gefühl, das bei diesen Gedanken in dir aufsteigt… Und nun spürst du auf einmal, wie du immer kleiner wirst… immer kleiner und kleiner, kleiner und kleiner… bis du schließlich so stark geschrumpft bist, daß du auf einem Blatt deiner Pflanze sitzen kannst. Wie fühlt sich das Blatt jetzt an? … Nun rutschst du am Blatt entlang zum Stengel und dann am Stengel entlang nach unten. Dabei schrumpfst du weiter, wirst kleiner und immer kleiner. Und wenn du auf dem Boden ankommst, bist du so klein wie ein winziges Krümelchen Erde… Du bist jetzt ein Teil des Bodens. Spüre, wie du in die Erde einsinkst und eins mit ihr wirst. Wie warm ist sie? Wie fühlt sie sich an? Wie riecht sie? … Boden, Felsen, Lehm und Erde – alles ist ein Teil von dir… [Pause]

Auf einmal spürst du, wie ein Spaten vorsichtig in den Boden rings um die Wurzel der Pflanze eindringt und wie du selbst mit dem Boden hin- und hergeschoben wirst. Die Wurzeln der Pflanze lösen sich unter dir… Der Spaten hebt dich gemeinsam mit der Pflanze in die Höhe und setzt dich in frische Erde. Du spürst, wie du mit der neuen Erde gemischt wirst und dabei sanft mal hierhin, mal dorthin fällst. Und dann wirst du gegossen. Es wird naß und kühl. Laß dich an deinem neuen Platz nieder. Genieße das Gefühl… Und nun kommst du langsam aus der Erde heraus, kletterst den Stengel hinauf und setzt dich wieder auf dein Blatt. Dabei wächst du und wächst, bis du schließlich wieder ganz du selbst bist und deine normale Größe erreicht hast. Schau dir die Pflanze und die Erde noch einmal an und spüre, wieviel Liebe du für sie in deinem Herzen trägst, weil du weißt, daß du eins mit ihnen bist. Danke ihnen, daß sie für dich da sind.

Komm nun mit deiner Aufmerksamkeit in dein Herz zurück und laß ein wenig von all der Liebe, die du dort findest, ausströmen und deinen Körper umhüllen. Dabei spürst du, wie die Herzensenergie bis hinunter in deine Zehen strömt, bis hinein in deine Fingerspitzen und bis ganz hinauf in deinen Kopf. Und nun kehrst du in diesen Raum zurück und fühlst den Boden unter dir. Wenn du bereit dazu bist, öffnest du die Augen.

Nach der Phantasiereise kann jeder berichten, was er erlebt hat. Danach gehen alle nach draußen und beschäftigen sich mit etwas „Erdigem": eine Pflanze umtopfen, den Garten bepflanzen oder einfach nur ein Loch graben. Höchstwahrscheinlich hat diese Phantasiereise die Sinne geschärft für die Erde und alles, was in ihr wächst.

Das Herz des Planeten

Beachten Sie die allgemeinen Hinweise für Phantasiereisen auf Seite 45.

Wer mitmachen möchte, sucht sich einen ruhigen Platz, setzt oder legt sich hin und entspannt sich. Diese Phantasiereise können Sie Ihren Kindern auch im Auto, abends im Bett oder an jedem anderen Ort anbieten, an denen sie eine Weile still sitzen können.

Stell dir vor, wie Licht in dein Herz einströmt. Dein Herz füllt sich ganz mit Licht und Liebe. Und nun strömt das Licht auch in deinen Körper, bis dieser ganz von Licht und Liebe erfüllt ist. Und nun spürst du, wie dein Körper umhüllt wird und wie sich auch der Raum (das Auto) mit Licht und Liebe füllt. Das Licht strömt über und fließt in das Haus (die Straße). Und es fließt weiter in die Stadt und aus der Stadt hinaus und erfüllt schließlich das ganze Land. Du spürst, wie das Licht aus deinem Herzen strömt und die ganze Welt erfüllt, bis der ganze Planet voller Licht und Liebe ist...

Und nun spürst du, wie du wächst und immer größer und größer wirst und wie die Welt schrumpft und immer kleiner und kleiner wird...

Und schon bald bist du so groß, daß du über der Erde schwebst. Im Vergleich zu dir ist die Erde jetzt nur noch so groß wie ein Luftballon. Und immer noch strömt Licht aus deinem Herzen.

Schick etwas von der Liebe in deinem Herzen an alle Menschen und Geschöpfe auf der Erde. Schick sie überall hin, so daß alle in helles, warmes Sonnenlicht gehüllt sind.

Und auf einmal siehst du, wie die Menschen und anderen Geschöpfe sich diesem Sonnenschein zuwenden und den Strom von Frieden und Liebe in sich aufnehmen...

Nun spürst du, wie auch sie dir Liebe senden. Genieße dieses Gefühl! ... Dann kehrst du langsam zu deiner normalen Größe zurück, immer noch mit dem Gefühl von Liebe und Frieden im Herzen. Jetzt weißt du, daß du so viel Liebe in deinem Herzen trägst, daß du die *ganze* Welt damit erfüllen kannst.

Eigene Strategien und Instrumente finden

Ich hoffe, daß sich die in diesem Buch beschriebenen Strategien und Instrumente als ebenso nützlich für Sie erweisen, wie sie für mich waren. Sie sollen Ihnen mehr sprachliche Kompetenz vermitteln und Ihnen und Ihren Kindern zusätzlichen Rückhalt im familiären Miteinander geben.

Wahrscheinlich kommen Sie mit manchen davon besser zurecht als mit anderen. Vielleicht liegen Ihnen Märchen mehr als Spiele oder Phantasiereisen mehr als Märchen – und möglicherweise haben Sie Lust, nach weiteren Instrumenten zu suchen, die sich für Sie und Ihre Kinder als wirksam erweisen. Wenngleich die Suche sicherlich ein wenig Mühe erfordert, gibt es eine Reihe von guten Büchern zur Stärkung des kindlichen Selbstvertrauens. Einige davon finden Sie im folgenden Literaturverzeichnis.

Albert Einstein hat einmal gesagt, Imaginationsfähigkeit sei wichtiger als Wissen. Meiner Erfahrung nach ist dies eine besonders wichtige Erkenntnis für Eltern, die ihre Kinder unterstützen und ihnen Selbstvertrauen geben möchten. Am wichtigsten von allem aber ist, die Kinder mit dem Herzen zu erziehen. Wenn sich ein Kind wirklich geliebt fühlt, so hat es bereits alles, was es zum Aufbau eines gesunden Selbstvertrauens braucht.

Literatur und Quellen

Bettelheim, Bruno: *Zeiten mit Kindern*, Herder Verlag, Freiburg 1995 (3. Auflage)

Campion, Mukti Jain: *The Good Parent Guide*, Element Books, Shaftesbury, England 1993

Carey, Ken: *Notes to my Children*, Uni Sun, Kansas City, USA 1984

Childre, Doc Lew: *A Parenting Manual*, Planetary Publications, Boulder Creek, USA 1995

Childre, Doc Lew: *Teaching Children to Love*, Planetary Publications, Boulder Creek, USA 1996

Cornell, J.: *Sharing Nature with Children*, Exley Publications, Watford, Herts, England 1992

Dale, Stan: *My Child, My Self: How to Raise the Child You Always Wanted To Be*, Human Awareness Publications, San Mateo, USA

Day, Jennifer: *Schliesse deine Augen und stell dir einmal vor... Wie Kinder durch Visualisieren ihr Selbstvertrauen stärken und Probleme lösen*, Kösel Verlag, München 1996 (2. Auflage)

Dyer, Wayne W.: *Der wunde Punkt . Die Kunst, nicht unglücklich zu sein*, Rowohlt, Reinbek 1980

Eyre, Linda und Richard: *Die starke Familie . Das 3-Stufen-Programm mit praktischen Ideen und Ratschlägen*, Kabel Verlag, Hamburg 1996

Fontana, David: *Growing Together: Parent-Child Relationship as a Path to Wholeness and Happiness*, Element Books, Shaftesbury, England 1994

Goelitz, Jeffrey: *The Ultimate Kid*, Planetary Publications, Boulder Creek, USA 1986

Judson, Stephanie (ed): *A Manual on Nonviolence and Children*, New Society Publishers, BC, Kanada, 1984

Lamont, Georgeanne and Sally Burns: *Values and Vision*, Manchester Development Education Project, Manchester, England 1993

Liedloff, Jean: *Auf der Suche nach dem verlorenen Glück . Gegen die Zerstörung unserer Glücksfähigkeit in der frühen Kindheit*, Beck Verlag, München 1996

Richardson, Robin and Angela Wood: *Inside Stories*, Trentham Books, Hanley, Stoke on Trent, England 1992

Sandoz, Bobbie: *Parachutes For Partents: Learning to Parent From The Wisdom of Love*, Family Works Publications, Honolulu, Hawaii 1993

Sokolov, Ivan and Deborah Hutton: *The Parents Book*, Thorsons Publishing, Wellingborough, Northants, England 1988

Wichmann, Frederick B.: *Kauai Tales*, Bamboo Ridge Press, Honolulu, Hawai 1989